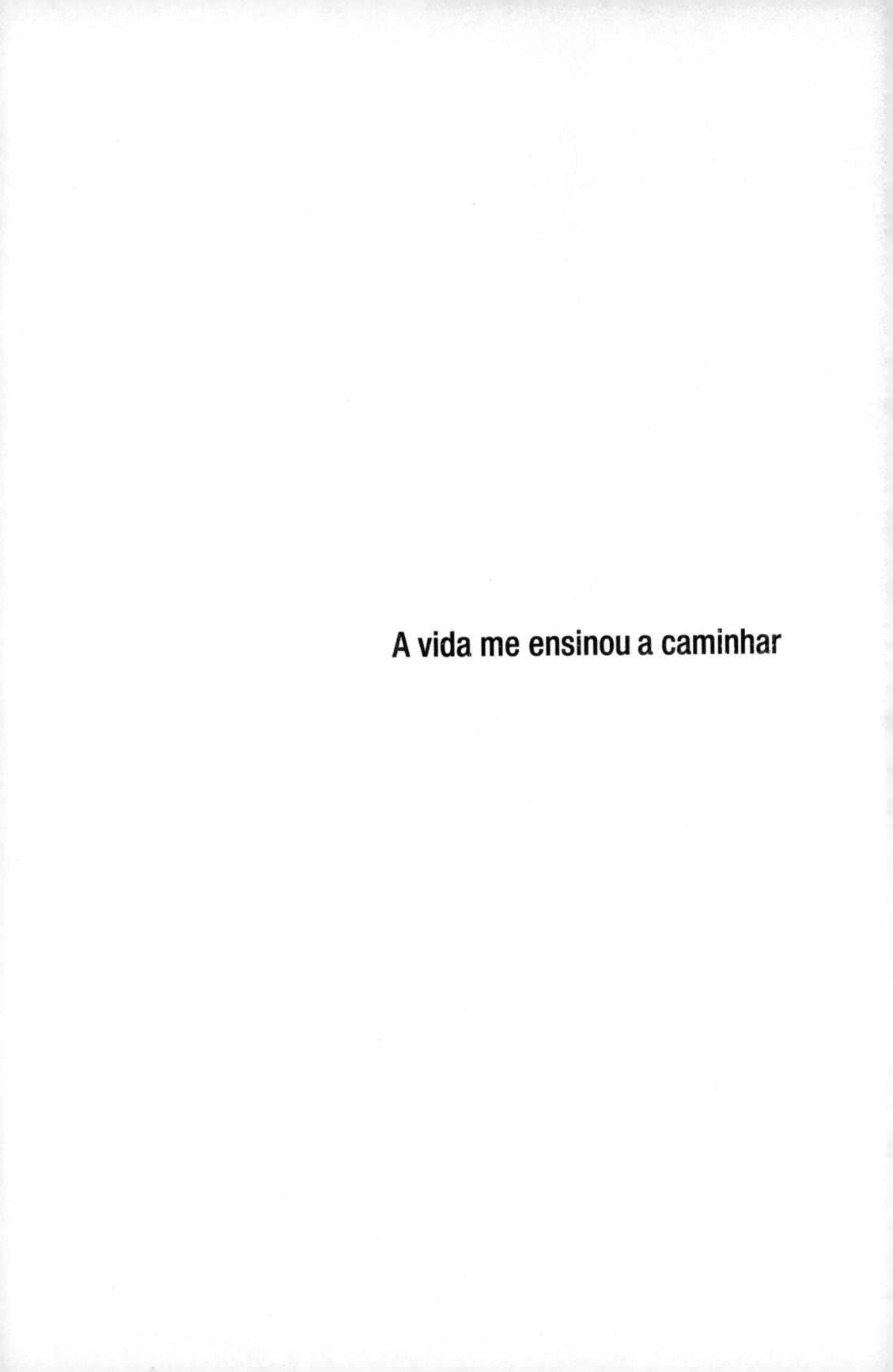

A vida me ensinou a caminhar

© Alex Pereira Barboza, 2022

PRODUÇÃO EXECUTIVA
Vivian Reis

CAPA, PROJETO GRÁFICO
E DIAGRAMAÇÃO
Pomo Estúdio

FOTOS
Marcos Hermes

SUPERVISÃO EDITORIAL
Paulo Flávio Ledur

CIP-BRASIL. CATALOGAÇÃO NA PUBLICAÇÃO
SINDICATO NACIONAL DOS EDITORES DE LIVROS, RJ

B493m   Bill, MV
            MV Bill : a vida me ensinou a caminhar / MV Bill. – 1. ed. – Porto Alegre [RS] : AGE, 2022.
            224 p. ; 16x23 cm.

            ISBN 978-65-5863-107-1
            ISBN E-BOOK 978-65-5863-105-7

            1. Bill, MV. 2. Músicos de rap – Brasil – Biografia. I. Título

        22-75784   CDD: 782.421649092
                                           CDU: 929:78.071

Meri Gleice Rodrigues de Souza – Bibliotecária – CRB-7/6439

Reservados todos os direitos de publicação à
LEDUR SERVIÇOS EDITORIAIS LTDA.

editoraage@editoraage.com.br
Rua Valparaíso, 285 – Bairro Jardim Botânico
90690-300 – Porto Alegre, RS, Brasil
Fone: (51) 3223-9255 | WhatsApp: (51) 99151-0311
vendas@editoraage.com.br
www.editoraage.com.br

Impresso no Brasil / Printed in Brazil

MV BILL
A vida me ensinou a caminhar

2022

SUMÁRIO

1. Quando conheci o rap 11
2. Boyz n the hood 21
3. O dia em que quase morri 28
4. Geração Futuro – Parte I 37
5. Geração Futuro – Parte II 45
6. Furto qualificado 53
7. Show na UERJ 62
8. A primeira vez que fui a São Paulo 68
9. O primeiro show dos Racionais no Rio de Janeiro 76
10. Traficando informação 84
11. Soldado do Morro – Parte I 97
12. Soldado do Morro – Parte II 107
13. Free Jazz 114
14. Kmila CDD 120
15. A inveja é foda 129
16. Hip-hop no Planalto Central 138
17. MTV 147
18. Meu mano Chorão 152
19. Bonde do rap 159
20. A fã 166
21. Deu ruim 173
22. Comercial da Telemar 179
23. Domingão do Faustão 189
24. Floripa, a Ilha da Magia 196
25. Clube do Rap 202
26. Só Deus pode me julgar 209
27. "Estilo Vagabundo" 213

CAPÍTULO 1
QUANDO CONHECI O RAP

— É Futura.
— É FUTURO!
— Não é, cara. É Futura! Geração Futura, com "A" no final. — o Teko me corrigiu pela segunda vez. Tinha estudado muito mais que eu, que só fui até o sétimo ano e aos quinze desisti da escola. Porque a escola já tinha desistido de mim fazia tempo.
— NÃO É, PORRA! É FUTURO! — engrossei. — Geração Futuro! Com "O" no final, entendeu? A gente é homem, porra! É "O" no final!
Eu não tinha nem um terço da escolaridade do Teko, mas era mais alto e falava mais grosso. Entre a gente, isso valia mais que qualquer escola. Era a universidade da favela. E nessa eu dava aula.
O Teko ainda tentou me explicar qualquer coisa sobre o adjetivo variar com o nome, sei lá, eu nem ouvi. A regra até podia ser essa, mas a gente era a exceção. Aliás, éramos a exceção de uma regra na qual devíamos estudar pouco, entrar para o crime e morrer cedo. Exceção na forma de vestir, andar e pensar. Exceção em nos reunirmos na praça para falar de rap, de questões raciais, e na formação de um movimento cultural, tudo sempre acompanhado de muita música, com rádios ligados a uma gambiarra elétrica que

nós mesmos fazíamos no poste, e que vivia sendo arrancada pelo coroa do trailer.

Nesse dia estávamos justamente discutindo o nome do grupo. Eu havia acabado de compor a primeira música. Era um passo muito importante.

E o meu camarada Adão sabia disso:

— Tá, mas essa música aí, Geração Futuro, fala de quê?

Era a pergunta que todo mundo queria fazer.

Calmamente peguei a fita cassete que continha o instrumental, tirei do bolso o papel com a letra e olhei nos olhos de um por um. Houve uma pausa interminável antes que a resposta viesse (eu sempre curti um suspense).

— Fala de nós cinco. — desci um tom na voz.

Eu já sabia muito de rap e de carreira musical, graças às revistas gringas que o Adão comprava com o salário dele de Promotor de Vendas do Caldo Maggi, lá no Carrefour da Barra da Tijuca. Ele usava um jaleco branco e passava o dia com uma pistolinha na mão remarcando e repondo os produtos.

Empregão da porra. Só não era mais foda que o do irmão dele, que era Gerente do McDonald's. Gerente! Gente nossa trabalhando no shopping, a gente só via na limpeza ou na segurança. Um preto gerente era muita transgressão. Usando gravatinha então! A Dona Rosa, mãe deles, sozinha e sem pensão, era de tirar o chapéu. Arrumou emprego para os dois filhos antes mesmo que fizessem dezoito anos. E o Adão, ou "Americano", como era conhecido lá na esquina dos barracos onde morava, uma das partes mais cabulosas da CDD, era meu brother. Todo dia de pagamento ele chegava na praça, abria a mochila e tirava um monte de revistas *Right-on* e *Spice*, que traziam as novidades do rap norte-americano.

Não dava para ler porra nenhuma porque a gente não entendia nada. Mas aquele monte de negão na capa, com joias, ouro — muito ouro! —, queixo para cima e roupas transadas, nos deixava ligados que em outros cantos do mundo os pretos tinham uma atitude bem diferente.

Eu não estava acostumado a ver gente preta estampando capa de revista, a não ser criminosos ou atletas. Era uma puta inspiração pra gente! Eu delirava quando via o KRS-One com uma metralhadora fazendo alusão à clássica foto do Malcolm X; as minas do Salt-N-Pepa, Kool Moe Dee com seus raybanzões de sempre; LL Cool J, N.W.A., Big Daddy Kane, Eric B & Rakim os obscenos do 2 Live Crew, Ice-T, o "original gangster"; e até o Will Smith, que na época era conhecido como "Fresh Prince", e fazia dupla com DJ Jazzy Jeff.

Os caras viviam no gueto, mas era gueto de primeiro mundo.

Aqui no Brasil, me chamava a atenção que o preto ia preso com a cara escondida na camisa, de cabeça baixa... Ele ia humilhado, derrotado. Neutralizado. Nos Estados Unidos não. Vez ou outra um rapper fazia algum bagulho mais sério e ia preso. E em qualquer situação, a cabeça dos caras estava sempre erguida. A postura diante das câmeras ou no tribunal era totalmente diferente da nossa aqui no Brasil.

Àquela altura, eu já tinha uma boa noção do que era certo e errado, e obviamente não tínhamos orgulho nenhum de pessoas sendo presas, mas aquela postura dos caras era fascinante.

A gente aprendeu o rap assim, na praça, com muita marra, um pouco de ódio e alguns sonhos. Um tom ameaçador que a gente gostava de chamar de "atitude" porque era mais cult, segundo o Adão, nosso mentor intelectual, o cara que lia o *Segundo Caderno*, quando para a gente jornal era *O Povo*, que se torcesse a página pingaria sangue de tanto crime — a única coisa aliás, segundo os jornais, que acontecia nas favelas naquela época.

O Adão foi o parceiro que me apresentou o rap, quando eu era só mais um bundão da CDD. Feio, esquisito e invisível. O Rato Bill, como o Didigo apelidou. O Didigo era um moleque zoeira demais, irmão do Toquinho, primo do Piu-Piu. Vivia me chamando de "cara de rato" e quando queria ser legal me chamava de "Rato Bill", o apelido que acabou pegando.

Enquanto eu começava a escrever meus primeiros versos de rap, o Didigo cumpria pena em Bangu. Depois que ganhou a rua, eu o encontrei algumas vezes. Ele ficou feliz de eu ter falado sobre ele na TV. Depois não o vi mais.

"Rato Bill", ele dizia, era por causa da minha semelhança com os roedores. Nunca liguei. Era tímido pra caralho. Minha mãe mandava eu dizer que "Rato Bill tá debaixo da saia da sua mãe!". Mamãe era radical. Descia a porrada em mim e nas minhas duas irmãs. Nosso maior terror era apanhar da Dona Cristina, o que de certa forma foi muito educativo para mim.

Os tempos eram outros, claro.

Por tudo isso, quando o Adão me apresentou o rap, um novo mundo se descortinou. De alguma maneira, encontrei na música uma forma diferente de existir. Só através da música eu poderia expor o que estivesse sentindo, sem me importar tanto com opiniões alheias. Aliás, nem público pra opinar eu tinha.

Minha casa também era muito musical. Algumas vezes vi o meu pai beijar minha mãe pela casa, ao som de Tim Maia, Agepê, Roberto Carlos, Benito di Paula, Maria Bethânia... Eu sabia que meus pais tinham tido uma bela noite de amor quando de manhã tocava Geovana, "Quem tem carinho me leva". E sabia também que a chapa estava quente quando ele punha "Quando será?", de Zé Rodrix.

Por influência deles aprendi a escutar de tudo e qualquer coisa black; eu chamava de "balanço". O meu critério era simples: Deu pra dançar? É balanço.

Foi o Adão que me tirou a venda dos olhos.

— Aí, tu sabe o que é rap?
— Claro.
— Sabe mesmo?
— Sei, pô!
— É o quê?
— Sei lá.

A verdade é que eu curtia tudo misturado. Ao mesmo tempo que gostava de Public Enemy, um som mais politizado, eu gostava também do C + C Music Factory, os caras cantavam aquela "Everybody Dance Now", e eu me amarrava nos vocais de rap do

Freedom Williams. Adão não aceitava de jeito nenhum que eu gostasse de New Kids On The Block, mas eu vivia cantarolando uma música deles chamada "Games". Ele ficava puto, dizia que era uma versão branca e mal-acabada do lendário New Edition.

— Porra, Bill, isso não é rap não, cara!

— Como não, se o vocal é falado?

— Isso é dance music!

Dance Music. Eu fiquei dias e dias com essas palavras rodando na cabeça, como um hamster na rodinha. Acho que foram as primeiras palavras que aprendi em inglês, depois de *Hate* e *Love*, nos anéis de Radio Raheem no filme *Do The Right Thing*, do Spike Lee.

Numa época em que a gente não tinha internet, o Adão era o nosso Google, uma rede de informação de uma pessoa só. Foi ele que trouxe pra gente o cinema, a cena do rap americano, a influência nas roupas, nos tênis, nos cordões... A ele também agradeço pelo meu tendão distendido na mão esquerda, fruto das nossas fracassadas tentativas de jogar basquete, imitando os caras lá de fora.

Como cresci ouvindo que eu tinha porte de jogador, achava que jogava pra caralho.

Só que não.

Eu chegava na quadra cheio de marra, mascando chiclete e quicando a bola no chão. O Magic Johnson da CDD. E nisso se resumia todo o meu basquete: marra demais para basquete de menos.

O fato é que a gente começou a se reunir na praça para falar de música e ver as revistas de preto que o Adão trazia pra gente. Até o dia em que ele surgiu com uma parada inacreditável.

— Caraca! É isso mesmo? — perguntei, incrédulo, passando a mão no box que o Adão acabara de botar sobre o banco de concreto.

— Fala aí! — Adão envaideceu-se. — É maneiro ou não é?

Claro que era! Fiquei até sem palavras.

— Liga aí, pô! — ele ordenou.

Para mim, um rádio daqueles só existia nas revistas, naquela imagem clássica do negão andando pela rua com um rádio enorme grudado ao ouvido. Ao vivo, a parada era muito maior. E reluzente. E cheia de botão. Fiquei tão fascinado, que foi terrivelmente frustrante quando apertei o play e nada aconteceu.

— Porra, tá sem pilha! — constatei, com cara de terreno baldio, insistindo o dedo no botão vermelho.

Sem perder tempo, o Adão revirou os bolsos da frente do casaco de moletom e puxou uma cartela com seis.

— Quem disse?

O sorriso ressurgiu no meu rosto. Senti a alegria de uma criança que vê sua cartinha atendida no Natal. Mas pelo hiato que se formou no momento seguinte, compreendi que aquele box não sairia de graça.

Tudo na vida tem um preço, eu sabia.

— Mas, Bill, tem uma parada! — Adão me alertou. — É você quem vai produzir as fitas. O seu trabalho vai ser gravar lá na sua casa os vinis que eu trouxer e passar tudo pra fita cassete.

Embora o Adão gastasse todo o salário em vinis de rap, na casa dele não tinha aparelho de som. Acabava que os vinis que ele comprava iam direto para a minha casa.

Eu sempre fazia cara de surpresa quando, depois, ele aparecia para ouvir os discos comigo. Fingia que também estava ouvindo pela primeira vez, mas na real já tinha ouvido pelo menos cinco vezes. Eu dava um jeito de tirar o lacre com a unha e ouvir o disco antes, porque não aguentava a ansiedade.

Também curtia muito pensar na montagem das seleções. De um lado, só internacional. Do outro, nacionais como a dupla Thaíde e DJ Hum, os gêmeos Os Metralhas, o rapper GOG, MC Jack, o grupo Código 13...

O Adão continuou:

— A sua missão vai ser transformar o som dos vinis em cassete e trazer aqui para a praça, para a rapaziada ouvir com a gente.

Sim, porque àquela altura já não éramos apenas eu e Adão.

Primeiro veio o Teko, que era mais do rock, skatista, andava de patins. Era chaveiro, já tinha um emprego fixo, e desenhava muito. Todos os nossos cartazes de divulgação foram criados pelo Teko. Ele desenhava, a gente tirava xérox e saía colando nos postes da favela.

Depois chegou o Lirinha, que dançava break e imitava o Robocop. Era branco, tinha os olhos verdes e nunca falava sobre emprego. Fumava cigarro pra caramba e sempre tinha uma graninha qualquer no bolso.

Por fim veio o Deco, que era DJ e tinha fixação por *Miami Bass Sound*, um tipo de rap que era feito no Estado da Flórida, que originou o funk carioca no padrão que conhecemos hoje, aliás, o funk do Brasil.

Nós cinco — cinco moleques esquisitos — formamos o Geração Futuro, um grupo que ninguém entendia.

A começar, pelo nome, que eu defendia com unhas e dentes com a palavra "futuro" no masculino, como substantivo, apesar de todo mundo só chamar de Geração Futura — que, diga-se de passagem, era o correto. Ninguém entendia também o nosso som. A favela tentava nos classificar como alguma coisa que conhecesse, mas a gente não cabia em caixinha nenhuma. Eles nos chamavam de hip-rack, hip-rock... ninguém nos decifrava. Nem a gente, para falar a verdade.

Mas foi assim, despretensiosamente, que numa dessas o sucesso nos encontrou.

Aconteceu na festa junina do Coroado, uma festa produzida pelo Peba, um maluco com voz de cigarro, que produzia eventos na Cidade de Deus e até hoje é o locutor oficial da quadra.

Como eu morava em frente ao Coroado, tinha passado a tarde inteira cercando o Peba para falar do Geração Futuro, querendo uma oportunidade para subir ao palco da festa. Tocar no Coroado tinha um simbolismo forte, porque várias vezes deixei de ir ao baile por falta de dinheiro.

Estrategicamente, eu ficava do lado de fora até às 3h45 da manhã, quando eles liberavam os portões para os sem grana curtirem os quinze minutos finais do baile. Eu sempre dava um jeito de chegar bem na hora da liberação da entrada, para não parecer que eu não tinha dinheiro. Passava a impressão de que estava vindo de outra festa e, por acaso, passei na porta do Coroado bem no momento em que os portões se abriram.

Subir ao palco do Coroado como a atração da noite seria para mim uma redenção, uma espécie de volta por cima como experimentei, anos depois, na minha carreira, quando fui contratado para tocar no Clube Costa Brava, que fica na Joatinga, entre São Conrado e a Barra da Tijuca. Atração principal de uma festa de Réveillon, com cachê alto, mordomias e aplausos. Bem diferente do que eu havia recebido ali mesmo, anos antes, certa vez que fui à praia com o Mano Tales, amigo de longa data. O acesso se dava por um condomínio de luxo e, na entrada, o segurança nos acenou com toda a simpatia. Estávamos num Peugeot branco importado, escutando Tony Thompson. Ao estacionarmos, antes mesmo de descer do carro, uma viatura encostou pedindo que desembarcássemos com as mãos para cima. Tales esqueceu o som ligado e foi xingado por um dos policiais. A praia toda olhando. Éramos os únicos pretos no local, além dos próprios policiais, claro. Fomos sacudidos numa dura pente-fino. Um dos policiais justificou o excesso com o argumento de que haviam recebido um chamado. Até hoje eu e Tales nos perguntamos: Chamado de quem? Após cinco minutos de uma geral interminável, fomos liberados. E voltamos para casa, porque já não havia mais o menor clima para praia.

De volta ao Geração Futuro, para a apresentação no Coroado, o plano era levar a base instrumental do Too Short, "I Aint' Trippin'", e duas outras músicas preparadas para o show. *Show* aqui é só uma força de expressão, pois não tínhamos a menor noção de palco, nunca havíamos segurado um microfone na vida. Sorte nossa que o Peba tinha menos juízo que a gente e nada a perder, então ele disse sim. Era junho de 1990, o Geração Futuro estreava naquela que mais tarde saberíamos ser a sua primeira formação. A primeira de uma série de três.

Todo mundo está cansado de saber
que um futuro melhor, só depende de você!
Nós somos garotos do Rio de Janeiro.
Fazer rap nesse estilo aqui somos os primeiros.

Não adianta ficar criticando,
Geração Futuro está chegando.
Chegando com o futuro na palma da mão,
com rap na veia e amor no coração.
Eu não sou americano, nem tampouco inglês,
Geração Futuro eu apresento a vocês!
Dançar break na sala, no banheiro e na cozinha.
Apresento para vocês o meu parceiro Lirinha!
(Nesse momento, Lirinha dançava como um louco.)
Ele é nosso parceiro e gosta de um xaveco.
Apresento para vocês o meu parceiro DJ Deco!
(Deco fazia scratch no toca-discos e dançava street dance.)
Na hora do rap ele sabe o que falar.
Apresento para vocês o MV TK!
"TK é minha sina de rap carioca, o melhor do pedaço o resto fica de fora", o Teko cantava.
Ele acha que New Kids faz um som que não é bom.
Apresento a vocês o meu parceiro Adão!
"Meu nome é Adão, sou um cara radical, curto muito rap no estilo marginal", Adão cantava.

A galera foi ao delírio! E eu não saberia dizer como conseguimos isso naquela noite, só com um microfone, revezando entre todos nós.

O combinado era cantarmos duas músicas, mas a gente mal concluiu a primeira.

— Para! Para! Para tudo! — o Peba entrou no palco aos tropeços, esbaforido de empolgação, e jogou para o público:

— Vocês estão gostando?

A resposta veio uníssona. Éramos os reis da CDD.

— Vocês querem mais?

Inegavelmente, aquela noite era nossa.

— Então fiquem aí que daqui a pouco tem mais!

O Peba podia ser maluco, mas burro ele não era.

Malandramente, catou a gente no palco e nos guardou no camarim improvisado, como quem acha uma joia na rua e vai correndo guardar no cofre. No camarim regado a Sidra Cereser e sanduíche de patê, nunca recebi tantos abraços. Nosso primeiro cachê veio em forma de cachorro-quente! Uma rodada para nós cinco e mais os agregados Pablo Canarinho, Papinha e o Flávio, que a gente chamava de Fleiva, porque para andar com a gente tinha que ter um apelido.

Aquela noite nos credenciou ao posto dE celebridades da CDD. Não demoraria muito para ganharmos o nosso primeiro patrocínio: cinco camisas brancas da Hering, mais umas tintas de tecido para escrevermos Geração Futuro. O Marcio Lanches era o nosso patrocinador *master*, apoiando o nosso figurino e a alimentação.

De azarões, viramos o segura-público da festa. O Peba, sagaz, só foi nos liberar para cantar a segunda música lá pelas quatro da manhã, quando sentiu a baixa na empolgação da galera.

E eu me lembro perfeitamente da nossa segunda entrada ao palco. Uma das mãos no microfone e a outra na bermuda, como se estivesse segurando o saco. As garotas gritando e o Peba, já mais para lá do que para cá, anunciou:

— Aí, galera! Quem aí quer mais hip-reck? — Peba não tinha noção nenhuma.

— Com vocês, Geração Futura!

Eu entrei no palco feliz por dentro, mas por fora bufando, num tom muito ameaçador:

— É futuro, irmão! Futuro!

Acesse mais informações sobre o capítulo escaneando ao lado ou acessando o link:

https://www.instagram.com/p/CaSM71YL5zb/

CAPÍTULO 2
BOYZ N THE HOOD

Não é à noite nem de madrugada: a hora mais perigosa da favela é à tarde, sempre foi.

A tarde é a hora do ócio, da falta do que fazer, do convite para as merdas. Muitos planos implementados nas madrugadas, podem ter certeza, nasceram numa tarde sem nada para fazer na favela. Naquela tarde não seria diferente. Porque mesmo que o Adão fosse um pouco mais velho, ele não tinha mais juízo que a gente.

— Aí, se liga nesse bagulho aqui, ó! — Vestindo Adidas do boné ao cadarço do tênis, Adão chegou na praça e lançou sobre nós uma página de jornal. Era a capa do *Segundo Caderno*, e só o Adão tinha acesso a esse tipo de jornal, por conta do emprego que tinha e da amizade com o dono de uma banca de jornal gourmet, daquelas que vendem cigarro, seda, tabaco e revistas importadas.

Toda parada que o Adão trazia pra gente ler, recebia antes a resenha dele próprio. Em seguida, ia direto para o fichário, uma pasta gorda, cheia de sacos, onde guardávamos recortes de jornais, revistas, letras de músicas, roteiro de filmes e outras matérias com conteúdo cultural que fosse do nosso interesse. Era o nosso *inbox*. Quando um cara se aproximava da gente, querendo se enturmar com o Geração Futuro, nossa primeira atitude era arremessar o fichário em cima do cidadão e avisar: primeiro lê isso aí!, como se para andar com a gente fosse necessário um estudo prévio. Estudo esse que nunca pusemos à prova, aliás, porque na real nenhum de nós leu aquela porra toda. Foi por isso que quando o Fleiva reapareceu com o fichário debaixo do braço, depois de um mês sumido, ficamos de bobeira. — E aí, pessoal, vocês querem conversar sobre que parte? — ele perguntou, acreditando que tínhamos um teste de conhecimento a aplicar.

Até hoje não sabemos se o Fleiva leu tudo mesmo ou se só jogou esse 171; era muito mais malandro que todos nós juntos. O fato é que dessa parada nasceu nossa amizade, e o Fleiva, que era todo calmão, virou o intelectual do nosso grupo. O cara que sabia tudo de cabeça e era consultado quando surgia alguma dúvida.

O Fleiva estava com a gente lá na praça, quando o Adão chegou com a novidade:

— Aí, tem um filme novo passando no cinema. Temos que assistir! — ele avisou, pra logo depois ponderar: — Só que tem uma parada...

Enrolando, com uma caneta Bic, uma fita cassete que acabara de embolar dentro do box, ergui a sobrancelha, numa expressão que poderia ser interpretada como "que parada?".

— A gente tem que ir de bondão.

— Beleza — respondi, enfiando de volta a fita no box. Só as cinco cabeças do Geração Futuro já era um bonde de respeito. Mesmo assim, eu quis saber: — Por quê?

— Porque é filme de preto e tem rap.

Até era verdade. Mas não era essa única razão.

O filme em questão era o aclamado *Boyz n the Hood*, de John Singleton, que retratava a vida difícil e o cotidiano violento em South Central, Los Angeles. O filme, que virou referência para os jovens e faz parte da biblioteca básica de qualquer indivíduo antenado na cultura hip-hop e suas ramificações, também ganhou destaque nas páginas policiais da época. Isso porque, lá em Los Angeles, um maluco muito puto disparou uma rajada de Uzi dentro do cinema, numa sessão do filme, na cena em que um policial racista ameaça um dos protagonistas.

Aqui no Brasil, a Furacão 2000 havia sido chamada para fazer a promoção do filme e *Boyz n the Hood* era anunciado no rádio, na imprensa, no outdoor, na TV... A gente ficava puto vendo o Rômulo Costa apresentando o programa da Furacão com a camiseta promocional do filme. No fundo, morríamos de inveja. Tudo o que mais queríamos era uma camiseta daquela.

Naqueles tempos era inquestionável a força do Rômulo Costa. O cara mobilizava cerca de dez mil jovens por fim de semana. Embora nunca tenha conseguido transformar esse número em votos nas suas aventuras políticas, ele conseguiu fazer um público considerável para o filme. Só não rolou rede social porque ainda não existia essa parada na época.

O Adão estava certo, o Geração Futuro não podia ficar fora desse movimento. Por outro lado, ir ao cinema e assistir ao filme, simplesmente, era muito pouco para nós.

— Bora todo mundo! — alguém sugeriu.

— É pouco — declarou o Adão, coçando o queixo quadrado, como um engenheiro que avalia o projeto de uma obra. — A gente tem que ir tipo gangue.

— Bora chamar Papinha e Pablo Canarinho então! — alguém mais sugeriu.

— É pouco — reafirmou Adão, espremendo o olhar como quem busca uma ideia.

— O Fleiva vem também!

— Ainda é pouco... — O Adão sabia que o problema não era quantidade. — O problema não é quem vem...

— ... é o que a gente vai fazer! — completei, tendo a mesma ideia que o Adão teria, num pensamento quase que conjunto. — Os malucos lá fora não deram uma rajada de Uzi? A gente aqui tem que fazer a mesma parada então, irmão!

Vários olhos se arregalaram sobre mim.

— Tá. E onde é que a gente vai conseguir uma Uzi? — o Lirinha questionou (como se arranjar uma arma fosse o único detalhe complicado do nosso plano).

— Meu padrasto tem um .38 que fica lá em casa... — Deco deu a ideia.

— Tá maluco? Como é que a gente vai pegar o revólver do cara?

Era verdade. O plano era bom, mas havia um claro problema de execução.

Nós não tínhamos uma arma, e bundões do jeito que éramos, não conseguiríamos manejar nem um estilingue. Assim como víamos diferenças entre o preto americano e o preto brasileiro, assim como o gueto destoava da favela, o nosso plano também carecia de adaptações. Um abrasileiramento, por assim dizer.

— A gente vai ter que fazer diferente então... — anunciei, sem nenhuma ideia em mente. — A gente vai explodir uma bomba dentro do cinema. Pronto! — o plano B saiu na hora.

O Adão ficou perplexo. Abriu e fechou a boca como se fosse um peixe.

— Bomba, que você diz aí, é bomba mesmo?

— Mais ou menos — expliquei. — Eu estava mais pensando num rolo de bombinha de festa junina mesmo, sabe qual?

— Ah! — todos exclamaram, com uma pontada de empolgação. Tínhamos muito mais intimidade com uma bombinha do que com uma metralhadora. Isso fazia toda a diferença.

É claro que havia uma distância muito longa entre uma metralhadora e uma bombinha de São João, mas a ideia de explodir qualquer coisa numa sala de cinema, no contexto de um filme que retratava a realidade de um bairro pobre de negros onde a morte não causava muito espanto, era para a gente um manifesto. Um grito. A chance de expressar a nossa fúria indomável. Àquela altura a gente já estava careca de saber que o jogo não era justo. Nem sempre o mal perdia, nem sempre o bem ganhava. E nessa equação, a ética nunca contou muitos pontos. Era justo? Não. Mas quem estava falando de justiça? Num lugar em que a maioria era vítima, manter-se vivo era quase tirar a sorte grande. Nós queríamos nos manifestar, precisávamos, e o filme era a nossa melhor oportunidade.

Com aquele bando de moleque preto, mal-encarado e com roupas de rap, foi difícil um ônibus parar para nós. Só conseguimos pegar o 701 quando nos escondemos atrás do ponto e deixamos só o Pablo Canarinho — o único branco da turma, já que o Lirinha não apareceu — fazer o sinal. Quando o motorista parou e o Pablo botou o primeiro pé no degrau, todos nós desentocamos e invadimos o ônibus. Era o auge da nossa malandragem numa tarde catártica em que saímos de casa com um objetivo muito bem estruturado: explodir um rolinho de bomba no cinema.

Foi uma algazarra só! Eu me lembro perfeitamente do semblante de pânico dos passageiros dentro do ônibus, convictos de que entramos para roubá-los. Para nós esse temor era a glória, muito melhor que a invisibilidade. Entre ser notado e passar batido, preferíamos sempre causar.

E foi nesse mesmo clima que entramos no cinema. Um bando. Parte do Geração Futuro mais os seus agregados, com o plano de explodir o cinema de Madureira, que ficava na galeria Tem Tudo. Viva os rebeldes!

— Dá um bilhete aí para *Os Donos da Rua*! — pedi na bilheteria, com a nota dobrada entre os dedos.

Naquela época, as salas de cinema não tinham lugares marcados, e a gente podia passar a tarde assistindo a quantas sessões quisesse. Mas, em geral, assistíamos três vezes: uma para ouvir o som, outra para ler a legenda, e a outra para ouvir a trilha. A gente entrava no início da tarde e só saía à noite. O objetivo era voltar pra CDD sabendo mais do filme que o roteirista, para poder contar à rapaziada lá na praça.

Entre a segunda e a terceira sessão, decidimos que era a hora de botar o plano em ação. Rolinho de bomba na mão de um. Caixa de fósforos na mão de outro. Apesar do ar-condicionado, o suor brotando em nossas testas. Nervosismo total. Sabíamos do risco, mas nós tínhamos um propósito. Não dava pra voltar atrás.

Sussurrada, ouvi a voz do Adão surgir na escuridão:

— Quem é que vai soltar?

Era a pergunta mais importante do dia. A responsa de soltar a bombinha era a mesma do maluco que apertou o gatilho da Uzi lá em Los Angeles. Senti a tensão percorrer cada célula do meu corpo.

— Tem que acender primeiro! — Canarinho disse.

— Aqui o fósforo! — imediatamente a caixinha foi passando de mão em mão, como numa brincadeira de escravos de Jó. Quando chegou a mim, senti a caixa molhada. O nervosismo não era só meu.

Na escuridão, lembro do som do palito riscando a caixa em várias tentativas. Com a caixa molhada e nossas mãos trêmulas, fazer fogo foi um desafio quase impossível.

— Cadê o fogo, porra?

— Não tô conseguindo...

— Me dá isso aqui!

— Caralho, vai dar merda...

— Aí, quem soltar, joga para frente, na direção da tela!

— Não! Tem que jogar lá para trás!

— Tá maluco! Lá atrás vai pegar em alguém!

Atingir alguém era inaceitável. Tínhamos um manifesto a fazer, mas era primordial não machucar ninguém. O problema é que na escuridão esse era um risco difícil de se minimizar.

— Tem que jogar na direção da porta!

— Porra, decide aí! Eu jogo para onde?

— Pra lá!

— Pra lá onde?

— Pra lá!

— Não! Joga para cá!

Aquela confusão de informações logo deu lugar a um silêncio pesado. No meio da escuridão, um clarão cruzou o ar como um cometa no espaço. Lembro do cheiro de pólvora subindo e do coração acelerando. Fechei os olhos, me espremi na cadeira e esperei o som do estouro e todas as merdas que viriam junto. Machucar alguém. Incendiar o cinema. Todas essas imagens foram se misturando a flashes da minha mãe me dando uma surra. "Caralho, que ideia merda", pensei, sabendo que era tarde demais. O certo era ter pensado aquilo dias antes, quando ainda era possível demover o pessoal do plano. Apesar da escuridão, senti pelo silêncio da galera que os meus parceiros estavam na mesma que eu, todos igualmente arrependidos, eu podia apostar. "Foda-se", pensei, abrindo o olho e percebendo, no entanto, que o estouro não veio.

— Puta que pariu! — um de nós exclamou antes de mandar a notícia que gerou em mim um misto de alívio e decepção. A vida é engraçada pra caralho. — A bombinha apagou!

Ainda bem.

Pegamos o 701 no terminal de Madureira e voltamos no ônibus meio cabisbaixos pelo fracasso da missão. Pouco falamos até retornarmos à praça dos Apês da CDD. Quando chegamos, o Adão comentou as cenas fodas do filme e deu início a um falatório empolgado. Fizemos uma reflexão gigante sobre a trilha sonora, as roupas dos personagens, as pretas estilosas, o estilo de vida, a realidade tão parecida com a nossa... foi muito foda. No fim, nos esquecemos completamente do fracasso bélico, e o Deco nos lembrou de que o baile do Coroado ainda estava rolando e prestes a tocar a nossa sequência preferida.

A portaria do clube estava lotada e nós chegamos com tudo. Geral abrindo alas para a entrada (sem pagar) do grupo Geração Futuro. Muita moral! Tiramos fotos, virei uns copos de vinho e dançamos a noite toda ao som de MC Shy D, Gucci Crew II, J.J. Fad, Gigolo Tony... tudo no comando do DJ Manguaça e o som da equipe Jet Black.

Do cinema para a realidade: éramos mesmo os donos da rua.

Ou, pelo menos, da CDD.

Acesse mais informações sobre o capítulo escaneando ao lado ou acessando o link:
https://youtu.be/itQ6wqkwTyw

CAPÍTULO 3
O DIA EM QUE QUASE MORRI

Os moleques na Cidade de Deus se dividiam em dois grupos: aqueles que tinham uma roupa maneira para passar o Natal, e aqueles que nem Natal tinham. Os moleques do primeiro grupo sempre tinham pai e mãe. Os do segundo, no qual eu, o Adão e a esmagadora maioria dos meus parceiros se enquadravam, não. O moleque podia ser feio, caolho, manco, vir da parte mais sinistra da favela... Mas ter pai e mãe na mesma casa fazia toda diferença. Eu sabia disso porque tive os meus juntos até os dezesseis anos. Até o meu pai se separar da minha mãe. E de mim e das minhas irmãs, metendo o pé de casa e das nossas vidas. Ter filho qualquer um tem, mas ser pai exige um pouco mais.

A ficha não caiu na hora; levei um tempo para sacar que, com a partida do meu pai, eu ganhara uma missão: garantir a merreca no fim do mês.

Comecei tomando conta de carros na frente do supermercado Sendas, da Freguesia, um bairro próximo à Cidade de Deus. Depois evoluí para marrequinho, entregando compra de madame nos apartamentos da zona sul. Por mais que eu me sentisse magoado com o abandono, por mais que eu não gostasse das mesmas coisas que o meu pai e, especialmente, odiasse o ambiente de escola de samba que ele tanto amava, eu precisava aparecer na quadra do Coroado toda sexta à noite, para engrossar a ala de puxadores junto com ele e assim garantir a sobrevivência lá em casa. Meu pai não falava com todas as letras, mas eu entendia com toda a certeza: não puxar o samba lá no Coroado, ao lado dele, botava em risco a comida no nosso prato — numa casa que já não tinha mais geladeira, nem som, nem televisão. Tempos bem difíceis aqueles, em que, forçosamente, descobri que ir para a cama mais cedo era uma ótima forma de matar a fome.

Coincidência ou não, foi nessa época que também descobri a importância das grandes amizades. Pablo Canarinho era uma delas. Com um pai preto-três-mãos-de-tinta e uma mãe amarela, Pablo ostentava uma paleta meio bege, harmonizada com um cabelo sarará, que lhe garantiam o apelido. Só por ter pai e mãe morando na mesma casa, ele já era um sortudo do caralho. Mas era sorte minha poder ter a sua amizade. Saquei logo no início, das primeiras vezes que o Pablo apareceu lá na praça, todo agitado, pulante e serelepe:

— Eu quero fazer parte do Geração Futuro! Eu sou Geração Futuro também! — ele argumentou do alto de seu metro e meio de altura.

— Tá. E você faz o quê? — alguém perguntou.

— O que o quê?

— Você canta? Faz grafite? Beatbox?

— Eu sou Geração Futuro, pô! Quero fazer parte do grupo aí!

Não restava dúvida, estávamos diante de um maluco.

E mesmo não cantando, nem tocando, nem fazendo porra nenhuma, ele virou nosso brother. Mas foi só na noite de Natal de 1993 que eu, sozinho em casa, sem nada para comer nem vestir, me dei conta da irmandade que nos unia. Uma das minhas irmãs tinha ganhado um dinheirinho da madrinha e comprado na loja do Roberto, no Barro Vermelho, dois vestidos — um para ela e o outro para minha outra irmã. As duas limparam umas sandálias velhas e foram para a rua curtir a noite de Natal. Minha mãe tinha ido para a casa do novo namorado, que a convidara para passar a ceia em família. Só ela, sem os filhos. E eu resolvi ficar em casa por falta de opção mesmo.

Perto da meia-noite, ouvi uma batida na porta. Quando abri, o Pablo estava com uma sacola plástica cheia de salgadinhos, docinhos e um pedaço de panetone enrolado no papel-toalha, que ele pegou na casa dele. Tinha um par de tênis Nauru preto na outra mão.

— Calça aí, pô! — ele disse, entregando-me o par de sapatos, que eu calcei num misto de vergonha e gratidão. Vergonha por não saber direito como reagir a gestos de afeto. E gratidão por ele ter salvado o Natal mais merda da minha vida. — Ficou maneiro! Bora descer? Os moleques estão lá embaixo!

Eu sabia, claro. Havia passado boa parte da noite sentado na beira da cama da minha mãe, escondido atrás da cortina, observando pela fresta da janela o movimento da rapaziada na praça dos Apês. Já tinha morrido de rir com o Adão, que escrevera "Feliz Natal!" à canetinha, direto no peito, para não precisar repetir a mensagem a noite toda.

— Porra, Pablo, sabe qual é? — introduzi, na maior sinceridade. — Valeu aí por ter vindo, cara. Valeu mesmo! Mas eu vou ficar por aqui. — não havia o menor clima. Eu não estava feliz, não era um dia bom.

Pablo Canarinho nem titubeou.

— Tranquilo. Vou ficar aqui então — informou, sem qualquer insistência, sem qualquer questionamento, já tirando o sapato, acomodando-se no sofá e mexendo nas comidas que trouxera na sacola plástica. — Quer uma coxinha?

Numa compreensão tão empática, que só os amigos têm, fomos a companhia um do outro naquela noite de Natal.

Já que não tínhamos como ouvir música, passamos boa parte da madruga dando risada e falando sobre a extinta dupla de rap Thaíde &

DJ Hum, da qual Pablo era fã. O Pablo nunca integrou o Geração Futuro, mas, juntamente com Papinha, Sal, Fleiva, Adriana MC Dri (a única mulher entre nós), MC Zezinho e tantos outros, formou o nosso bloco de agregados. Um seleto grupo de parceiros, amigos de verdade, por quem éramos capazes de matar. Ou morrer.

Essa irmandade acabou se comprovando na porta de um show que fizemos lá na quadra da Mocidade Unida de Jacarepaguá. Era a segunda apresentação da noite, na correria de fazer a agenda de duas apresentações caberem dentro da mesma madrugada. O primeiro show, lá no Morrinho, bem no centro do conjunto dos prédios, havia sido numa festa de rua no meio da praça, organizada por moradores, com barracas e apresentações musicais. O Geração Futuro estava bombando, vinha sendo requisitado para várias apresentações na comunidade.

Era uma sensação nova sair de casa e ser alvo da admiração e curiosidade das pessoas. Sensação muito melhor do que ser invisível.

Animados, arrumados, e com o gingado de quem sofreu uma contusão muscular, subimos a ladeira da Rua da Luz. A calçada, lotada de gente seguindo para a festa. O primeiro estresse já anunciava que aquela seria uma noite de fortes emoções.

— Coé, Bill! Chega aí! — um maluco chamado Fernando me gritou, todo empolgado, do outro lado da rua. — Quero falar contigo!

Atravessei a rua e fui ao encontro dos caras. Em silêncio, encarei cada um com uma expressão que poderia também ser interpretada como "Fala aí!".

— Nós também estamos montando um grupo! — o cara me contou com um sorriso de orelha a orelha.

— Ah é? — não gostei. E foi a palavra "também" o que mais me incomodou. — Qual é o grupo?

— Geração Fundamental!

Em fração de segundos, senti o meu sangue fervilhar.

— Mas quem são vocês, irmão? — perguntei, com todo o meu desprezo. — Que porra é essa de Fundamental? — era muita ousadia, para não chamar de plágio, querer copiar a gente assim, na cara de pau. Eu já era bolado com Os Bonitinhos, um grupo de dançarinos, com uma pegada meio You Can Dance, que apareceu lá na CDD. Criamos uma rivalidade com os caras, ameaçamos todo mundo de morte e chegamos, inclusive, a marcar um encontro para resolver a questão na porrada. Eu, aliás, cheguei a sair na porrada com o Jorginho, um dos integrantes, numa daquelas brigas ridículas que têm mais agarrão que soco e, no final, ninguém sai vencedor porque na real ninguém bateu em ninguém. Como assim os caras que nem cantavam queriam trilhar o nosso caminho? Nós éramos os donos da favela, porra! O Teko, que desenhava pra caralho, fez até uns cartazes com os nossos rostos com frases de autoafirmação tipo "Geração Futuro, o grupo mais foda!" e nós espalhamos pela favela inteira. Depois, naturalmente, Os Bonitinhos viraram nossos amigos e nós demos muita risada dessa idiotice toda.

  O lance é que até o Geração Futuro aparecer, não havia nenhum outro movimento jovem com música autoral na Cidade de Deus. Entre o egoísmo de nos acharmos os únicos e a generosidade de compreender que havia espaço para os outros, não conseguíamos entender que éramos, na verdade, os precursores de um movimento. Havíamos aberto a porta e, claro, muitas coisas, boas e ruins, iriam passar por ela. Isso era foda de aceitar. Difícil pra caralho. E foi nesse clima de estresse, depois de me livrar da nova concorrência, que parti para o segundo show da noite.

  Eu não estava legal, mesmo com a animação da galera e dos muitos abraços, apertos de mão e do coro feminino que entoava "Geração pau duro! Geração pau duro!" — o que, na verdade, me deixava constrangido. Só o DJ Deco sabia usufruir dessa fama — eu me sentia meio aéreo. Após pegarmos nosso cachê, partimos a pé para a segunda apresentação da noite. Descemos a ladeira, atravessamos a ponte, cruzamos o Barro Vermelho, encontramos o Papinha e partimos para a quadra da Mocidade.

Fazia um frio da porra. Na porta do clube, meia dúzia de gatos pingados, poucas luzes e um barulho de quadra vazia que, com o tempo, aprendi a identificar.

— Desculpa! Só pode entrar cinco — nos avisou educadamente o segurança na porta da festa. Um cara branco, de camisa listrada, bigodão tipo Sarney, com a maior cara de otário que eu já vi na minha vida.

— Mas nós somos seis! — falei firme, desprezando o cara.

Todo sem jeito, o segurança puxou um papelzinho do bolso da calça.

— Tá aqui no meu papel, veja: cinco integrantes da banda — ele informou, mostrando-nos a anotação em garranchos.

— É, mas ele vai entrar também! — esbravejei.

— Desculpa, é que eu tenho autorização para deixar entrar apenas cinco...

A festa era promovida por um cara de fora da CDD, que trouxe sua própria segurança, também de fora da favela. Os caras ainda não conheciam a gente, obviamente.

De fato, o Geração Futuro tinha cinco integrantes. Mas possuíamos um grupo de agregados que nos seguiam para onde fôssemos. O Papinha era o agregado da noite. A sexta cabeça. Era fora de cogitação deixarmos alguém para trás. Feria nossos princípios. Eu, sendo o líder, precisava resolver a parada. Tomei a frente:

— Ele é da banda também! — exclamei, cheio dos trejeitos que eu copiava dos rappers americanos, que via no cinema. — Sem ele a gente não toca!

— Puxa vida, sinto muito então! — o segurança lamentou.

Que tipo de mané fala "Puxa vida?!", me perguntei. O cara estava a fim de zoar a minha paciência, só podia. Não ia ter conversa. Eu ia ter que engrossar.

— Aí, você não tem consciência, cara? — falei, apontando com o indicador para a minha cabeça na região da têmpora, o que deu ao segurança uma leitura totalmente equivocada de que eu o estaria ameaçando com uma arma.

Nesse momento, tudo mudou.

— Como é? — o maluco se transformou. Sacou um revólver calibre .38 da cinta e mirou na minha cabeça (incrível como em fração de segundos ele deixou de ser otário).

— Você vai me dar um tiro? É isso que você tá dizendo? Você vai me dar um tiro? — ele perguntou, com a arma apontada a um palmo da minha testa.

Petrifiquei. O cara não estava blefando. Eu, sim. E agora eu tinha uma arma apontada na cabeça. Qualquer movimento, até uma respiração mais profunda, poderia botar tudo a perder.

— Fala aí, porra! Você vai me dar um tiro, seu filho da puta? — ele gritou na minha cara. Vi a pupila dele se expandir e fechar numa velocidade assustadora. Era o mais puro ódio. Tentei esboçar alguma reação, mas nenhuma ideia veio ao meu socorro. Era como se meu cérebro tivesse me abandonado.

Ali, naquele momento, toda marra que eu tinha de rap, de Public Enemy, de NWA... foi tudo para o caralho. Voltou o Alex inibido da escola. O Bill. O Rato Bill. Um passo em falso, e eu, pá! Deixava de existir.

Ficou todo mundo mudo. Foi o Lirinha quem deu a apaziguada e chamou o cara de volta à realidade.

— Que é isso, cara! Não precisa isso não!

Por sorte, o Adão me tirou de cena. Sozinho, não sei se teria tido pernas. Enquanto eu me afastava, ainda ouvi o cara gritar na minha direção:

— Não fode, porra! Vai se foder, filha da puta!

É muito ruim quando o seu destino está na mão de alguém. Mas é ainda pior quando você entende que foi você quem se colocou na situação desvantajosa. Mais difícil do que sair com o rabo entre as pernas, foi ouvir o Adão me dizer que eu estava errado, que eu não devia ter agido da forma como agi.

— O cara estava trabalhando, Bill! — Adão jogou na minha cara, no caminho de volta para casa. Geral em silêncio. — Você não podia ter falado do jeito que você falou!

— Mas eu só quis... — tentei argumentar.
— Você foi numa atitude toda errada, Bill!
— Mas...
— O cara por pouco não te mata, cara! Se liga!

O foda é que eu ouvia muito o Adão, e era péssimo admitir: ele estava certo.

— Tá. E agora? — perguntei depois de um longo silêncio, reconhecendo a minha mancada.

O Adão coçou a cabeça, olhou para cima, respirou fundo e foi taxativo.

— Agora eu acho que a gente deve voltar lá, e você tem que pedir desculpas ao cara.

Até ali, algumas vagas ideias haviam me passado pela cabeça. Pedir desculpas não era uma delas. Nem sei se eu saberia fazer isso. Desculpar-me com alguém não era um costume. O Adão sabia disso, e na minha dúvida, ele foi preciso. Disse a única frase que faria me convencer:

— Bill, a gente tem que ser profissional!

Pronto. Foi a senha que me fez compreender o óbvio. O meu vacilo não podia respingar na banda toda. Foi inacreditável quando me vi de volta à quadra, já perto das cinco horas da manhã, diante do mesmo segurança que mais cedo quase apertara o gatilho na minha testa.

— Oi. Eu queria falar com você...
— Sai da minha frente, porra! — ele esbravejou ao me ver.
— Vai entrar só os cinco mesmo — falei mansinho, bola rasteira, rasteirinha.

Ele deu passagem e nem olhou na minha cara. Um por um, fomos entrando na festa para fazer o show que deveríamos ter feito horas antes.

Já do lado de dentro, tentei mais uma vez.

— Desculpa aí aquela hora — disse com toda a minha humildade, pois estava verdadeiramente arrependido.

— Vai lá, vai lá, vai lá! — ele deu mais um passa-fora. Estava puto, não ia me ouvir.

O fato é que todo o estresse da noite, da briga com os parceiros que queriam montar uma banda igual à nossa, do cara que apontou a arma para mim, da minha bundamolescência escondida atrás da marra de rapper se externou no palco. O show foi uma merda. As músicas que eu precisava cantar com atitude eu cantei com vergonha. A festa que era para estar cheia, estava às traças. E nosso cachê que era para ser o combinado, virou uns trocados.

Fui pra casa, não conversei com ninguém. Foi muito difícil dormir sabendo que por um detalhe eu poderia ter morrido.

Por outro lado, foi uma das noites mais importantes da minha vida, que me fortaleceu e ensinou uma lição que levei para sempre: não se pode subestimar o outro.

Ninguém é mané.

Acesse mais informações sobre o capítulo escaneando ao lado ou acessando o link:

https://youtu.be/me7PVB475Dg

CAPÍTULO 4
GERAÇÃO FUTURO – PARTE I

Teletrim. Boa tarde. Elaine Silva falando. No que posso ajudar?
— Queria mandar uma mensagem.
Pois não, pode ditar, senhor.
— ADÃO, FAVOR PASSAR NA MINHA CASA PARA IRMOS AO BAILE DE MADUREIRA.
Ainda sob o fundo sonoro de unhas batendo no teclado, a atendente perguntou no rito padrão:
Algo mais, senhor? — Pelo tac-tac eu podia jurar que ela tinha unhas grandes.
— Sim!
Pode falar.
— Coloca aí... ASSINADO: O MAIS F.
Oi?
— O MAIS F., F de faca — expliquei.
Internamente, eu ria pra caralho!
Numa época em que o WhatsApp não existia e celular era artigo de luxo, o pager, ou Teletrim, como a gente chamava, era o nosso meio de comunicação mais eficiente. A gente prendia no cinto da calça, a parada tocava, e a gente saía na rua desesperado

atrás do primeiro orelhão para responder à mensagem, que quase sempre chegava truncada ou faltando palavra. E a conversa se dava assim, sem privacidade nenhuma, com uma pessoa digitando a sua mensagem para alguém. Mas, às vésperas da virada do milênio, isso era o ápice da tecnologia.

Mensagem enviada. Posso ajudar com algo mais, senhor?

— Não, não. Era só isso mesmo.

A Teletrim agradece.

Foi botar o telefone no gancho, para a resposta do Adão piscar no meu aparelho:

FESTA DO MARCIO ÀS 22H NA MERCK.

Verdade. Eu havia esquecido.

Depois de estourarmos na CDD, ficarmos conhecidos e abrirmos as portas para outras bandas, chegamos à conclusão de que a favela estava pequena para nós. Era hora de explorar outros territórios. Nessa, o Adão — sempre o Adão — se aproximou de uma galera da Merck, um conjunto habitacional próximo à CDD, que estava organizando um evento de reggae. Não rolava grana, mas a gente também não ia lá para cantar. A gente ia para curtir e — mais que isso! — criar um nicho, porque àquela altura começávamos a perceber que era necessário buscar outras cenas culturais, conhecer novos movimentos. Não dava mais para ficar só na Cidade de Deus.

Até então, a gente tinha plena convicção de que só nós curtíamos rap em todo o Rio de Janeiro. Achávamos que ninguém além de nós conhecia Too Short e Public Enemy. Então a gente descobriu que tinha outros malucos em Realengo, no morro da Coroa, no Morro da Mineira, na Tijuca, dentre eles Gabriel, o Pensador, que, aliás, era cria de lá.

Portanto, frequentar outras festas era uma forma de assumir novos espaços e nos conectar a outros movimentos culturais, mesmo que não fossem de rap propriamente dito.

Nem sempre dava certo, é claro.

No dia em que chegamos na festa da Merck — de reggae — e o DJ da festa — um sósia do Bob Marley — botou Vanilla Ice para tocar como se fosse hip-hop, a gente surtou. Se o Marcio não tivesse tido a sensibilidade de ir lá apaziguar nossos ânimos, teríamos quebrado tudo.

— Você tá maluco? Você tá maluco? — gritávamos indignados em frente à cabine do DJ.

— Não se faz isso, cara! — alguém exclamou, como se o cara da cabine quisesse roubar o nosso rim.

E o Marcio, tranquilão, com aquela fala mansa, o sorriso de borboleta e todos os preceitos do reggae nas ideias:

— Calma, rapaziada. Tá tudo na paz… curte aí a nossa festa!

— Paz é o caralho, porra! Vanila Ice não é rap!

Parecia que ele tinha fumado muita maconha e a gente cheirado muita cocaína.

Mas o fato é que nessa de ir frequentando outras festas e conhecendo novos movimentos culturais, alguns questionamentos naturais começaram a rolar na minha cabeça. O que o rap representava para mim? Onde eu ia chegar com o rap? Qual seria o futuro do Geração Futuro? Esses questionamentos acenderam uma luz amarela no meu painel de controle. Um alerta. Comecei a prestar atenção no meu entorno, nos parceiros do grupo, no movimento da vida. Não demorou muito para eu perceber o óbvio e chegar à conclusão de que qualquer um no meu lugar chegaria: eu carregava aquele piano nas costas. E falo isso sem nenhuma mágoa ou receio de ser injusto. Era eu que fazia as letras. Era eu que arrumava as bases instrumentais. Era eu que corria atrás das apresentações. Além disso, a consciência do rap crescia em mim de uma forma mais politizada, com letras mais sérias, carregadas de denúncias da opressão e das injustiças que vivíamos na favela. Não tinha jeito, o grupo precisaria passar por alterações. Primeiro foi o DJ, que montou a própria equipe de som e foi fazer baile funk. Depois foi o dançarino, que resolveu ir trabalhar no comércio.

Chegamos à conclusão de que a nova fase, mais séria, de fato, não tinha nada a ver com coreografias. E se fosse para ter um DJ, que fosse um profissional, não alguém que apenas colocasse as músicas. Sem o Deco e o Lirinha, seguimos só eu, Adão e o Teko, com uma proposta mais reflexiva. Era o Geração Futuro numa fase mais madura. O momento exato em que chegamos a outra conclusão muito óbvia: era preciso crescer.

Tá. Mas como?

Foi o Magal, um skatista parceiro nosso, que tinha uma filmadora e um pouco mais de grana, que nos apontou a direção.

— Cara, vocês precisam de um material de divulgação!

— Tipo?

— Tipo, sei lá, uma fita de vídeo com uns shows de vocês — ele sugeriu, dando um gole na latinha de guaraná. — Eu gravo e dou a fita pra vocês, pô!

Eu, Adão e Teko olhamos um para a cara do outro. Fazia sentido aquela porra. Mas era um lance em que nunca havíamos pensado. E nessa de uma ideia que leva a outra, alguém viajou um pouco mais:

— Bora gravar um videoclipe também!

E assim nasceu o nosso primeiro trabalho audiovisual. Uma produção medonha, mas, sejamos francos, vanguarda pura para a nossa realidade. Eram três músicas: "País Tropical", que era toda feita no beatbox, eu fazia a batida com a boca e o Teko rimava; "Geração Futuro", feita em cima da batida do Too Short, que contava a nossa história; e "Chacina", a mais dramática — e, pela mesma razão, a mais engraçada! — A proposta era uma superprodução: pegamos três amigos com cara de playboy, Debio, Sal e Bidi. Chamamos um outro, com cara de assassino, o Formigão, e colocamos uma pistola de brinquedo na mão dele.

— Formigão, a parada é a seguinte: quando a bombinha estourar, você entra em cena matando os playboys. Entendeu?

— Positivo. — Formigão era evangélico, levava tudo com a maior seriedade.

Chutando por alto, foram pelo menos 15 tentativas de filmagem. A porra nunca sincronizava. Quando a bomba estourava certo, o Formigão entrava errado na música. Quando Formigão acertava o tempo, era a bomba que não estourava na hora.

— Porra, Formigão! De novo!

Edição não era uma técnica que dominávamos, o que significa que a cada erro, a gravação voltava do início. Filmávamos tudo em um take só, com som direto, usando o microfone da câmera. Ou seja, tenebroso.

E era ainda pior para a rapaziada que fazia o papel dos playboys. O Sal, o parceiro que trouxe o rock para a CDD, era o mais ator de todos! Tomou o tiro imaginário, jogou a bicicleta para o alto, deu um pulo e foi caindo em câmera lenta. Um gênio da interpretação! Detalhe: os caras tinham que ficar quatro minutos imóveis no chão, na posição em que caíssem, enquanto íamos cantando e pulando os corpos.

Por fim, a gravação que consideramos a menos pior foi uma em que a bomba estourou no meio do caminho e o Formigão fez resto dos tiros com a boca. Pow, pow, pow! Que talento!

O refrão da música era:

Chacina! Chacina! Isso tem que acabar! — o Teko cantava.

Para quem deve tem que continuar! — eu complementava.

Que merda!

Eu não sei dizer o que foi mais *trash*: gravar essa tentativa de videoclipe ou bater na porta das rádios depois com uma fita de VHS na mão. Em toda rádio que íamos, dava para ver as pessoas prendendo o riso.

— Vocês vieram a uma rádio deixar uma fita de vídeo? É isso mesmo?

O único que não riu nas nossas costas, porque riu na cara mesmo, foi o DJ Gran Master Rafael, que fazia parte da equipe de som Furacão 2000. Quando chegamos lá na Rádio Imprensa com a fita debaixo do braço, ele avisou:

— Cara, vocês sabem onde estão? — ele perguntou, às gargalhadas, enquanto recebia a fita da nossa mão. — Puta que pariu! É cada figura que aparece...

E se ele achava que a gente era sem-noção por bater na porta de uma rádio com uma fita de vídeo, imagina quando visse o Formigão fazendo os tiros com a boca!

Mas ele avisou:

— Olha! Eu nem sei que porra é essa, mas eu vou assistir. Só pela coragem de vocês virem até aqui, eu vou assistir.

Ele não mentiu.

O Gran Master Rafael não só assistiu como gostou.

No dia seguinte, à tarde, o meu Teletrim vibrou. Em letras garrafais, a mensagem piscou: AMANHÃ VENHA À RÁDIO PARA GRAVAR A MÚSICA.

A gente era inexperiente, mas não era otário. Não foi à toa que apostamos ir direto no Gran Master Rafael. Nós, é claro, já sabíamos que ele era diferenciado. Enquanto todos os DJs da época chamavam as músicas de "melô", o Gran Master Rafael mencionava o título. Ao invés de falar, por exemplo, "Melô da Mulher Feia", ele dizia "Do Wah Diddy", do 2 Live Crew. Referenciava as músicas e os cantores, que era o que mais nos interessava. Depois, quando encontrávamos os discos lá no Carrefour, percebíamos que já conhecíamos tudo. O Gran Master falava muito também sobre as diferenças de Rio e São Paulo, que era uma grande curiosidade nossa.

Enfim, ele era O Cara. Sabíamos que, de todos, era quem melhor compreenderia a proposta do Geração Futuro.

No dia seguinte, lá estávamos eu, Adão e Teko, para a gravação da música na rádio. O Gran Master botou o nosso beat no ar e o combinado era tão simples quanto assustador: — Canta aí. Mas não pode errar, porque vocês estão ao vivo. — Era uma música nova que eu tinha escrito sozinho, "Não à Violência", e dividi de forma que todos cantassem uma parte.

"A parada tá ficando séria", nós três sentimos, com os olhos arregalados e o coração aos solavancos. Se uma gravação ao vivo já é um desafio para qualquer artista experiente, imagina para os três moleques da Cidade de Deus!

Cantamos tudo certinho.

Ninguém errou. A gente também não estava de bobeira, né?

No dia seguinte, em cima da mesa da sala, o meu Teletrim voltou a vibrar:

VOU TOCAR A MÚSICA NA RÁDIO HOJE.

— Mãe, bota rápido aí na Furacão 2000! — gritei, no automático. — A nossa música vai tocar!

A minha mãe estava varrendo a casa, e varrendo a casa continuou. Não deu a menor atenção.

Foi com cara de boba e muita incredulidade que ela largou a vassoura e se sentou no sofá, quando a minha voz, magicamente, surgiu de dentro do rádio. Ela olhou para mim. Depois para as minhas irmãs. Depois para mim de novo. Todos em silêncio. Muito mais por não saberem o que dizer do que para ouvirem a música.

Ao fim, ela olhou para mim e disse, admirada:

— Legal.

Depois pegou a vassoura e continuou a varrer a casa, como se nada tivesse acontecido.

Eu vibrei por dentro. Sabia que, para uma mulher dura como ela, aquilo era um puta reconhecimento. Eu estava no caminho certo, tive certeza.

Na semana seguinte o meu Teletrim ainda tocou outras vezes. O Gran Master Rafael agora chamava a gente para tocar no Mauá de São Gonçalo, numa festa da Furacão 2000. Éramos os únicos representantes do rap. Nossa gratidão era tanta que eu nem me importei quando ele falou o nosso nome errado, na chamada da rádio. "Próximo sábado, no Mauá de São Gonçalo, MC Cabelo, MC Scratch, Lord Sá, Danda e Tafarel, MC Esquisito e a Geração Futura!" Foda-se. Era o Gran Master. Ele podia.

E esse foi um show muito emblemático, que nos apresentou para um público realmente grande, fora da CDD. Um show profissional, que fez a galera do funk nos abraçar, que nos fez criar laços de amizade com MCs importantes, como Julinho e Garrincha, que cantavam o rap da Santa Cruz, Skell e Nilson, lá do Cosmorama na Baixada, e outros tantos.

Não demorou muito para também virarmos MCs da Furacão, o que, na prática, significava tocar nos bailes, com alguma remuneração. E, para mim, que ainda vivia sem um puto nos bolsos, qualquer merreca era uma boa grana.

Rodamos várias favelas junto com outros MCs na *Caravana da Furacão 2000*; sabíamos que eles não gostavam muito do nosso estilo, mas gostavam da gente e nos abraçaram.

Cada vez que o Teletrim tocava avisando de um show da caravana, eu ficava eufórico. Sentia-me cada vez mais artista, e empolgado com a entrada de um din-dim.

Apesar disso, o Teko não embarcou como eu e o Adão. A real é que ele era mais do rock, e o lance de fazer baile em favela não brilhou nos olhos dele. Era o terceiro racha do Geração Futuro, que agora seguia só comigo e Adão, os criadores da porra toda.

Acesse mais informações sobre o capítulo escaneando ao lado ou acessando o link:
https://youtu.be/-m2cbZeGCd8

CAPÍTULO 5
GERAÇÃO FUTURO – PARTE II

Embora a empolgação fosse muita, embora a grana começasse a pintar, a fase dos bailes não durou muito tempo. Quando as coisas começaram a ficar incoerentes e ficou difícil fazer vista grossa para alguns lances, não tivemos escolha: caímos fora. A gota d'água foi o baile do Pavunense, um baile de corredor, onde as pessoas basicamente se organizavam para sair na porrada durante o show. Com direito a lado A e lado B. Quando me vi em cima do palco, cantando "Não à Violência", para um público ensanguentado, que seguia batendo e apanhando no meio do salão, minha ficha caiu. Ainda tentei fazer um discurso de paz, mas foi inútil. O pessoal me ignorou solenemente; era como se eu não estivesse ali. Nesse esquema não seria possível continuar.

A essa altura, o chamado "Funk Carioca" já era bem conhecido, mas ainda estava longe de ser o fenômeno que viria a se tornar mais tarde. A Furacão 2000 investia tanto no estilo que mudou a relação com os MCs, passando a assinar contratos mais longos e cheios de compromissos para os artistas, que eram obrigados a entregar hits de tempos em tempos. Uma estratégia mais comercial.

O Geração Futuro não se encaixava nesse formato.

Amizades mantidas, seguimos o nosso próprio caminho. Agora éramos uma dupla, Adão e eu, acompanhados por um DJ, o Alessandro, que morava nas proximidades da Cidade de Deus, no antigo Apê da PM, também conhecido como AP2.

Sem os bailes, nos agarramos a um novo projeto: gravar um disco. Para isso, passamos a integrar a ATICON (Atitude Consciente), uma associação de hip-hop que reunia outras bandas que frequentavam as reuniões do CEAP (Centro de Articulação das Populações Marginalizadas), lá na Lapa. Um pessoal mais velho, ligado ao movimento negro, e muito mais organizado que todos nós juntos. Permitiam que a gente se reunisse em suas salas, usasse os banheiros, e — quase nunca — fizesse uma ligação para outro Estado. O CEAP teve papel fundamental na produção da primeira coletânea de rap carioca, intitulada *Tiro inicial*.

Mas continuávamos sem shows para fazer, não havia contratação. Tocávamos apenas nos intervalos das apresentações dos blocos afros na Concha Acústica da UERJ, ou no Circo Voador, e assim fazíamos a cena do hip-hop carioca. Além do Geração Futuro, faziam parte da ATICON: Rio Radical Raps; Filhos do Gueto; Poesia sob Ruínas; Spike E; Consciência Urbana; e NAT, do amigo Buiu-da--Doze, que só andava com uma camisa que tinha uma arma calibre 12 estampada. Éramos todos amigos. E homens. Sim, porque tacitamente não admitíamos mulheres no rap. Isso só acabou com a entrada do grupo As Damas do Rap, três meninas lindas que nunca deram qualquer condição para a gente. Como éramos escrotamente machistas, isso nos fez respeitá-las.

A maioria da galera vinha de periferia. Realengo, Padre Miguel, Campo Grande, Baixada... Mas também da Tijuca, Catumbi e Rio Comprido. Somente nós e o NAT vínhamos de favela — CDD e Mineira, respectivamente. Isso fazia uma puta diferença pra gente, mas com o tempo fui entendendo que todo mundo tinha o seu valor. Os caras do Filhos do Gueto, por exemplo, não eram tão incríveis de rima, mas tinham um posicionamento foda nas discussões. O Caê MC era extremamente politizado; eu aprendia pra caralho com ele.

Respirávamos o pesadelo de 1992. O Brasil vivia o caos do governo Collor, soterrado numa crise fodida, com esquemas de corrupção pipocando diariamente na tevê. Surgia o movimento dos Caras-Pintadas, jovens estudantes de classe média que iam às ruas protestar. Um tal de Gabriel, o Pensador, estourava na rádio RPC FM com uma música chamada "Tô feliz (matei o presidente)", e a equipe do programa *Documento Especial, Televisão Verdade*, da TV Manchete, usando o pretexto dos Caras-Pintadas, resolveu gravar uma matéria conosco lá no CEAP logo depois da queda do Collor.

Quando cheguei à gravação, meu desconfiômetro disparou o alerta. Alguma coisa estava errada. Aquele aparato todo não era pra gente, saquei de cara.

Eu ia às reuniões do CEAP quase sempre sozinho, porque Adão e Alessandro trabalhavam, e eu era o único desempregado — sem nada para fazer na vida. Mesmo sozinho, não foi preciso farejar muito para entender o lance todo. O próprio Gabriel era a explicação. Filho de ex-assessora política, Gabriel era estudante de Comunicação da PUC e, diferente de nós, falava sem ódio no olhar. O cara branco que cantava rap era o real interesse da equipe de tevê, estava explicado.

Indiscutivelmente, o rap do cara era bom bagarai, ninguém podia contestar. Obviamente também, ele tinha outro repertório, outra forma de se expressar, protestava de uma forma diferente da nossa. Acima de tudo, ele sabia falar o que os jornalistas queriam ouvir. Enquanto o Gabriel dizia "Hoje eu tô feliz, matei o presidente", a gente diria "Vai se foder, Presidente filho da puta!". A gente não partia do mesmo lugar que ele, não tínhamos construção mental para fazer uma letra como as que o Gabriel fazia.

No instante em que essa realidade se descortinou para mim, parei a gravação.

— Aí, rapaziada, queria só dizer uma coisa. A gente tá aqui só por causa do Gabriel, vocês sabem, né? — disparei à queima-roupa, para todos na reunião. — Ninguém aqui vai aparecer. A gente só tá aqui para fazer figuração pro cara aí.

Todo mundo ficou boquiaberto. Muito mais pela minha audácia do que pela revelação em si. Incrível como a sinceridade pode ser tão parecida com uma tijolada na cara.

Um ou outro ainda tentou me demover da ideia.

— Pô, Bill, eu acho que não é bem assim... — pois é, quando alguém não tem argumento, sempre manda o papo do "não-é-bem-assim".

Só que era.

A vida já tinha me dado muitas rasteiras. Eu não era mais marrento. Mas realista, eu era pra caralho.

— Isso tudo aqui que vocês estão vendo não é pra gente! É pro Gabriel — insisti, ciente de que estava sendo desagradável. — Vocês vão ver quando a matéria for ao ar.

Com uma camisa foda do N.W.A., boné do Public Enemy e muito mais bem-vestido que todos nós juntos, o Gabriel assistiu à discussão na dele. Sabia que não era mentira. Mais que isso, ele tinha consciência de que estava botando a cara numa parada de preto, de favela, que não era a realidade dele. Não dava para ser hipócrita.

A entrevista seguiu com um papo meio truncado, e eu fiquei no meu canto, calado. A hostilidade já estava instalada. Qualquer palavra minha só serviria para aumentar o climão.

Ao fim, o entrevistador pediu que fizéssemos um improviso, e todo mundo se empolgou. O Spike E levou as mãos à boca e fez um beatbox apoiado pelas palmas da galera. Sobre essa base todo mundo rimou. Primeiro o Def, do Rio Radical Raps. Depois, o Gabriel. O Caê MC parecia um professor em seus versos. E eu puto no canto, de braços cruzados, causando um certo constrangimento para alguns de nós. "Vai, Bill! Vai, Bill!", meus parceiros e até o Gabriel começaram a gritar. Respirei fundo e mandei a letra mais cabulosa que eu podia, falando sobre desigualdade social e exclusão. Foi foda. Situações de desvantagem sempre motivavam muito meu processo criativo, que o digam as rimas que eu e Adão fazíamos durante as duras policiais que levávamos na CDD. Os policiais vinham sedentos para nos enquadrar, e nós começávamos o beatbox, um fazia a rima para o outro. Os policiais não entendiam nada. Posso apostar que pensavam: "essas porras são tudo doido mesmo". E iam embora. Essa técnica, aliás, nos livrou de muitas enquadradas. Salve a arte que nos salva!

Mas se havia alguma dúvida sobre o meu ataque de franqueza, a matéria no ar dias depois provou que eu não estava errado. É claro que eu tinha razão. Na TV só deu o Gabriel. O que o Gabriel pensava do Brasil, qual a inspiração do Gabriel para compor, como o Gabriel teve a ideia da música e todas essas perguntas clichês que os jornalistas sempre fazem.

Tudo normal. Tudo dentro do esperado. Não fosse por um detalhe: a rima do final fechando o programa foi minha.

Quando a matéria foi ao ar, atravessávamos um momento superdifícil lá em casa. Faltava comida, as coisas quebravam e a gente não tinha condições de consertar. Era o caso, por exemplo, da nossa televisão, que só exibia uma tela retangular, fatiada pelas horizontais, e com a imagem azulada. Quando eu apareci, minha mãe e minhas irmãs me reconheceram mais pela voz do que pela imagem. Minha mãe, aliás, chegou a duvidar que era mesmo eu ali. Acho que ela só se convenceu quando o Adão e o Pablo Canarinho chegaram lá em casa esbaforidos, dizendo que eu tinha arrebentado na TV.

Naquele momento, caiu a ficha: eu tinha aparecido para todo o Brasil!

Com a iminência da gravação do disco, resolvemos fazer um evento de rap na CDD. Para tanto, comecei a juntar gente de dentro e de fora da comunidade. Tivemos a ajuda de alguns comerciantes e grupos de rap que começavam a surgir na favela. Mas o foco do bagulho todo era comigo.

Todos os grupos da ATICON toparam participar. Tornou-se um evento grande, mas sem estrutura nenhuma. O palco balançava, o som falhava; o que valia mesmo era a oportunidade de reunir toda a juventude na quadra do CIEP Luiz Carlos Prestes, o coração da favela.

Chamei o Gilmar, que integrava uma banda chamada Art 288, o primeiro a gravar um disco solo de rap no Rio. Fazia rimas engraçadíssimas, o Daniel Azulai do rap. Ele botou um monte de caixa de som caindo aos pedaços no Opalão, e veio de Padre Miguel a Jacarepaguá. Além de cantar, Gilmar foi o Mestre de Cerimônias da festa.

Mais por educação do que qualquer outra coisa, mandei um toque para o Gabriel, convidando o cara para o evento. Não sabia se o recado chegaria e, mesmo se chegasse, imaginei que dificilmente ele poderia atender. Àquela altura, o Gabriel estava superestourado, tinha uma agenda lotada de shows. Eram mínimas as chances de ele atender um evento como o nosso, na favela, sem cachê, sem estrutura, sem nada.

Foi justamente por isso que eu fiquei tão desorientado, sem saber o que fazer, quando, no início do evento, o meu Teletrim piscou a mensagem: BILL TO AQUI NA CDD. O QUE EU FAÇO? GABRIEL.

"Puta que pariu! O maluco veio!". pensei na hora, já calculando a logística que eu ia precisar articular.

A palavra "loucura" não traduz o alvoroço que foi a entrada do Gabriel, de carretão, na favela. O Marrone, que morava quase ao lado do palco, fez do apartamento dele o camarim. Um mar de pessoas lá embaixo e o Gabriel na janela, acenando para a multidão. O foda é que eu nem conhecia o Marrone direito, mas não estava em condições de recusar ajuda. A nossa organização era amadora. O lance era botar o Gabriel dentro da favela, segurá-lo como última atração e rezar para não dar merda.

— OK! Eu espero — Gabriel garantiu, com uma simplicidade desconcertante.

— Mas você vai ter que ficar aqui dentro, OK? — informei, receoso de estar cruzando o limite da paciência do cara. A gente não teria segurança, caso ele quisesse descer.

— Tranquilo. Eu fico aqui. — ele topou tão de boa que eu fiquei constrangido. A gente não tinha um real para dar. Ele estava 100% no amor.

Quando às tantas da madruga a gente chamou o Gabriel ao palco, a casa caiu. Com as músicas para lá de estouradas, a CDD foi ao delírio. Um showzão. Adão parecia um patrocinado da Adidas. Todo mundo feliz pra caralho. Festa incrível!

Na hora de ir embora, Gabriel apertou a minha mão e disse:

— Maneiro pra caralho, Bill! Me chama no próximo, falou?

— Claro! — retribuí, perguntando-me se ele era maluco ou o quê? Porra, um perrengue do caralho, eu todo sem graça com a nossa falta de organização, e o cara ainda queria voltar?

Aliás, queria não. Ele voltou!

Dois anos depois, fizemos uma segunda edição do evento, o *SOS. Consciência*, e chamamos o Gabriel. Inacreditavelmente ele foi! Pela segunda vez. Ainda mais famoso e estourado.

Dessa vez estávamos um pouco mais estruturados para recebê-lo. Já sabíamos o que a presença dele causava e não poderíamos correr riscos como na edição anterior.

Quando finalmente rolou a gravação do *Tiro Inicial*, a coletânea que produzimos lá no CEAP, com a rapaziada da ATICON, o Gabriel quis participar de uma das músicas. A gente o convidou para "Filhos do Brasil", a última faixa, que era cantada por todos.

Ele também participou do clipe que foi gravado em frente à Igreja da Candelária e no Circo Voador, com direção de André Andrade e produção musical de Renato Correia Rocha.

O Gabriel não era nosso parceiro. Ele se fez nosso amigo. A gente queria ter raiva dele. Porque ele não era preto. Porque ele não era da favela. Mas ele era maneiro pra caralho. Como é que a gente ia ter raiva do cara? Ele não precisava da gente para porra nenhuma.

Naquela época, não era comum artistas irem à favela. Aclamado no Brasil inteiro, o Gabriel emprestava todo o sucesso e a mídia dele quando ia aos nossos eventos. Na maior generosidade, ele trocava os versos da música "Lavagem Cerebral" para dar visibilidade à coletânea *Tiro Inicial*. Da frase original "Dê à ignorância um ponto final" ele adaptava para "Dê à ignorância um tiro inicial". Enquanto queríamos inimizade, ele queria fortalecer o nosso movimento.

Depois dessas, nos encontramos em muitas outras ocasiões. Participamos do show da Margareth Menezes, no Pelourinho. Levei Gabriel para tocar num evento gigante na CDD, que teve também Fernandinha Abreu. Esbarrei com ele em várias festas da MTV e participei do show dele no Teatro Municipal de Niterói.

Levei um tempo, mas entendi que não faz sentido brigar com as situações que podem nos beneficiar. Essa parada aí que as pessoas chamam de maturidade.

Acesse mais informações sobre o capítulo escaneando ao lado ou acessando o link:

https://youtu.be/PD0Z3WV-K88

CAPÍTULO 6
FURTO QUALIFICADO

Eu não sabia fazer outra coisa.

Enquanto o DJ Alessandro trabalhava no Banco Banerj e o Adão fazia carreira de promotor no Carrefour ganhando ticket alimentação e o caralho, eu não tinha a menor ideia do que fazer com a minha vida. Aliás, tinha: rap.

Mas como pagar as contas no fim do mês?

Exatamente nessa época, minha namorada suspeitou que estava grávida. Mesmo nos prevenindo com a camisinha, a suspeita de gravidez caiu como um bloco de gelo na minha cabeça. Meus sonhos esfriaram, todos os meus projetos com a música viraram segundo plano. Agora eu ia ser pai. Precisava de um ganho certo no fim do mês. Parece sacanagem, mas quando você não toma uma decisão, a vida decide por você.

Sem muitos horizontes, resolvi deixar uns currículos lá em Madureira. Minha mãe falava tanto que eu precisava arrumar um trabalho direito... talvez ela tivesse razão. Pensando assim, vesti minha melhor camisa, botei a carteira de trabalho no bolso e saí panfletando o meu currículo Madureira afora. Virando a Estrada do Portela, encontrei o Chocolate, mais conhecido como Don Capuccino, um camarada das antigas, que eu conhecia dos bailes blacks. O Chocolate fazia parte de um grupo de dança chamado Black Brothers. Os caras eram foda! Dançavam muito, o que os credenciava também como os mais pegadores do baile.

— Coé, Bill! Tá fazendo o que aqui?

— Fala aí! — cumprimentei, surpreso; eu nunca tinha visto o Chocolate fora do baile. — Tô de bobeira. Quer dizer, tô botando uns currículos numas lojas aí...

— Bora lá em casa, pô!

Lá fui eu.

Passei o dia por lá. Filei a boia, ouvi o primeiro disco do Blackstreet, vi fotos de família... não estava trabalhando mesmo...

No fim do dia, a mãe do Chocolate propôs fazermos uma oração.

— Vai dar tudo certo, meu filho! Deus vai abrir as portas do emprego para você. Vai botar uma bênção maravilhosa no seu caminho!

Achei meio contraditória a combinação emprego e bênção maravilhosa, mas eu precisava dar um rumo à minha vida, tinha ainda o lance da gravidez da minha mina... Só me restava acreditar mesmo.

— Amém! — respondi, com os meus pensamentos mais positivos.

Saí da casa do Chocolate pensando na vida, admirando o quarto dele, a maré-mansa que ele tinha. A vida não havia sido tão generosa assim comigo. Pela janela do 701, observei o mundo rodando lá fora. Crianças voltando da escola. Os coroas jogando buraco na praça. As mães conversando na calçada.

— Bala Halls! Bala Halls! Um real a bala Halls! — meus pensamentos em modo descanso de tela foram interrompidos pelo vendedor de balas, que entrou no ônibus com um gancho cheio de saquinhos de doces amarrados.

Botei a mão no bolso. Eu tinha um real! Exatamente um real.

E já estava comprometido com a passagem de ônibus do dia seguinte, para sair e entregar mais currículos. "Melhor não arriscar", pensei. Nada estabelece limites tão rígidos à liberdade de uma pessoa quanto a falta de dinheiro. É ruim pra caralho não ter sequer o dinheiro da bala.

Por sorte, não há mal que sempre dure. Quando o meu Teletrim apitou a mensagem: O SEU CURRÍCULO FOI SELECIONADO. FAVOR COMPARECER NA PRÓXIMA SEGUNDA-FEIRA MUNIDO DA CARTEIRA DE TRABALHO. ATT, com o remetente da rede de lojas Ultralar, uma fagulha de esperança acendeu dentro de mim. Era um extra de Natal. Apenas dois meses de contrato. Mas ler Auxiliar de Almoxarifado na minha carteira, apesar de estar longe dos meus projetos com o rap, injetou uma dose de ânimo à minha rotina. Minha mãe quase explodiu de alegria, seu grande sonho de me ver empregado de carteira assinada havia se realizado. Ela lavava e passava a minha camisa todos os dias. Fazia questão que eu saísse de casa com a camisa escrito Ultralar nas costas.

— Aqui a camisa passada, Alex!

— Mas, mãe, eu trabalho no estoque.

— E daí? Vai com a camisa da firma, ué! — ela falava, toda orgulhosa. — Para as pessoas saberem que você tem um trabalho — completava. Nem seria preciso, porque ela já tinha espalhado para meia CDD que eu estava trabalhando. "Trabalhando de carteira assinada", ela gostava de ressaltar. A vizinhança toda já sabia.

A minha chefe lá na Ultralar se chamava Márcia, uma nordestina arretada, que me chamava de japonês. Ao longo das primeiras semanas ela avisou:

— Japonês, a gente vai precisar de um estoquista aqui para efetivar.

— Para o quê? — eu nunca tinha ouvido a palavra "efetivar" na vida.

— Para efetivar.

Assim que ela virou as costas, perguntei a um colega:

— O que é "efetivar"?

— É ficar, ué. Virar permanente.

"Porra, eu preciso ser efetivado", pensei. Se a mina estiver grávida, é esse trabalho que vai me garantir. A essa altura, o rap já era página virada, totalmente no passado. Comecei a mostrar serviço pra caramba na loja. Até que, em janeiro, chegou a notícia. Foi a própria Márcia quem trouxe:

— Parabéns, Japonês! Você está efetivado.

Foi uma alegria para mim e a glória para minha mãe! Poucas vezes na vida percebi ela tão orgulhosa do filho.

Para o meu alívio, a gravidez da mina não se confirmou, assim como o namoro, que, abalado, não foi pra frente. Mas, àquela altura, eu já tinha tomado gosto pelo dinheiro. Havia aberto uma conta no banco, e o dinheiro caindo todo fim de mês me dava uma paz absurda. Agora eu compreendia o Adão, era bom pra caralho ter um dinheiro certo. Ainda que pouco, era ótimo poder contar com algum. Comecei a comprar tênis, aprendi a almoçar em restaurante, frequentava casa de show sofisticada. Gente rica já não me assustava, agora eu também estava no jogo. Do salário que eu ganhava, metade ficava lá mesmo, no shopping Via Parque, em roupas e tênis de loja de marca. Muitas vezes eu saía do trabalho direto para o baile de Madureira. E à medida que o dinheiro foi entrando, fui voltando a me reconectar com o rap e retomando as coisas de onde parei. Eu não estava de bobeira, né?

Aos poucos fui adquirindo a confiança da empresa, e a Márcia fez um trato comigo: eu fazia hora extra, dobrava a semana toda, em troca do sábado de folga. Assim, sexta à noite eu saía da firma e ia direto para a rodoviária, dormia a madrugada no ônibus e acordava em São Paulo. Chegando, eu ia direto para a Galeria do Rock, comprar coisas que eu jamais encontraria no Rio. Camisas, bonés, tênis e acessórios das bandas de rap internacionais. No fim da tarde, eu encontrava o Magno, meu parceiro, e ele me levava num baile foda lá em Santo André, que tocava um rap da melhor qualidade. Eu curtia a noite inteira! Quando o baile acabava, só no domingo de manhã, voltávamos para a casa dele e, à noite, eu ia para a rodoviária. O meu ônibus chegava ao Rio junto com o amanhecer da segunda-feira. Não dava nem para passar em casa, eu ia direto para o trabalho.

Obviamente, o meu salário estava longe de ser bom. Mas essa merrequinha certa no fim do mês me dava uma liberdade impagável, e me permitia a extravagância de curtir festas de rap em São Paulo. Para mim, era como ir à Disney — só que mais maneiro, porque tocava rap.

Apesar desses meus pequenos luxos, minha casa continuava sem televisão e aparelho de som. Depois que o meu pai saiu de casa levando algumas coisas, só ficamos com a geladeira. O som, em especial, fazia muita falta. Eu tinha uma porrada de vinil e fita, e tinha ganhado o CD do Gabriel, o Pensador, o primeiro CD que ganhei na vida. Ganhei direto das mãos dele, inclusive — mas não tinha onde ouvir.

Então, ao fim do dia, depois das minhas tantas horas extras, eu ficava até mais tarde com as portas baixadas, gravando fitas de alguns CDs que vendia na loja, e umas outras que o Adão deixava comigo, para a gente ter o que escutar com a rapaziada lá na praça.

O pessoal da loja não se importava. Na real, eles não estavam nem aí para mim, mal me enxergavam. Mas eu continuava sendo um bom empregado, e comecei a ganhar a confiança da gerência. Fui promovido a Chefe de Estoque e, naquela época, os controles não eram tão rígidos, não havia um sistema de computador confiável, com cruzamento de informações. No final das contas, toda a contabilização de entradas e saídas passava por mim, ou melhor, pela minha contagem. Se o sistema acusava, por exemplo, que a loja tinha 20 televisões, era porque eu havia contado 20 tevês e inserido esse número no sistema. Resumindo: o sistema era eu.

Resolvi testar. Passei a inserir informações incorretas para ver se existia algum controle além do meu. Se chegavam 20 liquidificadores, eu ia lá e escrevia 19. Se entravam 50 ferros de passar, eu dava entrada em 49. Ficava esperando alguém vir me corrigir. Que nada! Ninguém percebia. Estava comprovado: o controle era eu. Unicamente eu. Tudo o que havia na loja era, portanto, o que eu dizia que havia. Essa conclusão me trouxe ideias extremamente perigosas.

Levei semanas para arquitetar o crime. Em determinado momento, percebi que precisava de um comparsa. O cara da loja ao lado topou na hora. Mas disse que era necessário envolvermos um terceiro no esquema, o que não foi difícil de arranjar. Incrível a disponibilidade das pessoas para topar uma parada errada.

Plano traçado e todos os meliantes de acordo, ficamos na expectativa do caminhão da Ultralar. Quando, enfim, o carregamento chegou com as mercadorias, eu escorreguei um rádio micro system para dentro da loja do meu comparsa. Na sequência do descarregamento de mercadorias, ainda joguei para a loja do cara um jogo de cama, que era a parte dele.

Contabilizando, desviei um som e um jogo de cama. Voltei à loja com toda a contabilização na cabeça. A mente criativa trabalhando para o mal a todo vapor. Abri o sistema e inseri tudo com um item a menos, como se aqueles produtos simplesmente nunca tivessem existido para o controle de estoque da loja.

Era um roubo? Era.

Mas a minha consciência estava limpíssima. Aqueles produtos não representavam nada para a loja. Mas, lá em casa, o rádio faria toda a diferença.

Tanto eu estava certo que, quando cheguei em casa com um som, minhas irmãs só faltaram chorar de emoção. Minha mãe me deu até um beijo. Uma felicidade só. Tanta euforia que ninguém se preocupou em entender a origem do micro system. O importante é que agora tínhamos novamente um aparelho de som, era como ter passado anos ilhados e sermos resgatados de volta à civilização.

Nos dias que se seguiram fui trabalhar normalmente. Ninguém notou o desfalque, não verifiquei nenhuma movimentação estranha, tudo absolutamente sob controle. Minha consciência continuava tranquila, como se nada tivesse acontecido, porque nada havia acontecido mesmo. Certo?

Errado.

No fim do expediente de uma sexta-feira algumas semanas depois, quando eu já me preparava para ir embora, a Márcia apareceu do nada:

— Japonês, fica aí que a gente quer ter uma conversa com você.

O primeiro pensamento que passou na minha cabeça foi "Fodeu". O segundo foi "Preciso fugir".

Rapidamente, tracei minha estratégia de defesa: negar até a morte. Mas e se eles resolvessem fazer uma busca lá em casa? Precisava arranjar um jeito de falar com as minhas irmãs primeiro, para elas darem um sumiço no som.

Na velocidade da luz, fui tentando construir minha argumentação, enquanto Márcia se colocava à minha frente, para bloquear o meu caminho, e gritava na direção da porta:

— Traz o pessoal lá! Traz o pessoal lá! — ela gritava, e sinalizava com as mãos.

Meu coração estremeceu um pouco mais. A polícia já estava lá fora, certeza. Obviamente já tinham passado na minha casa com um mandado de busca e apreensão do fruto do roubo. Eu já devia estar sendo investigado há tempos, concluí, sentindo-me um criminoso muito ingênuo.

Não teria mais como negar. Minha mãe já devia ter tido uns três enfartos, imaginei a cena dela sendo carregada pelos vizinhos.

Meus pensamentos embolados entre o desespero e a culpa ficaram ainda mais confusos quando vi toda a equipe da loja entrar no estoque, fazendo uma roda à minha volta. Caixas, promotores de venda, seguranças, o pessoal do almoxarifado... todo mundo apareceu.

Foi a Jussara quem começou:

— Alex, a gente tá observando você desde o seu primeiro dia. — fechei os olhos, como quem espera a lâmina da guilhotina cair. — A gente sabe que você não tem som em casa e que todo dia fica até tarde na loja para gravar suas fitas de rap. — Jussara fez uma pausa, limpou a garganta antes de continuar. — Por isso, todos nós nos reunimos e fizemos uma vaquinha para te dar um presente... pode trazer, gente!

Oi? Quem olhasse para mim, enxergaria um enorme ponto de interrogação sobre a minha cabeça.

Imediatamente, um som exatamente igual ao que eu havia furtado dias antes surgiu no meio da roda.

— Toma aqui, Alex! É pra você! Agora você tem um som! É o nosso presente pra você.

Junto com o som, veio também um cartão assinado por toda a equipe da loja.

Um soco no estômago teria doído bem menos. Eu me senti um merda. Um ladrãozinho. Um ingrato. A vergonha misturada com a culpa desencadeou em mim uma crise de choro, que as pessoas interpretaram como emoção.

— Ah, gente, que bonito! Ele está emocionado! — ouvi alguém falar.

— Que rapaz bacana! — ouvi outro dizer.

— Não se fazem mais rapazes assim — um terceiro emendou.

E quanto mais falavam e me abraçavam, mais merda eu me sentia. Uma vergonha absurda! O pessoal achando que eu estava emocionado. Eu estava era com vergonha, arrependido de ter roubado a firma e todos os meus colegas, por tabela. Por outro lado, confessar o crime estava fora de cogitação. Na real, eu não tinha muito o que fazer, a não ser conviver com aquele bagulho de culpa.

"Porra, eu não sou ladrão!", repeti para mim mesmo, tentando entender onde eu estava com a cabeça quando tive aquela ideia cretina. Onde estava a minha moral? E aquela porrada de valores de justiça, verdade, ética e os caralhos que eu pregava no rap? "Que demagogia,

Bill! Que hipócrita você é", eu repetia para mim mesmo, compreendendo que na real eu era igualzinho aos que eu tanto criticava.

Nas semanas que se seguiram, eu chegava em casa e ficava olhando para os dois aparelhos de som, um do lado do outro. Pensava nas pessoas que se esforçaram para contribuir na minha vaquinha; eu podia jurar que passava batido, que não me enxergavam, mas todo mundo estava de olho em mim o tempo todo, todo mundo vendo eu gravar minhas fitinhas... No auge do arrependimento, concluí que a única forma de compensar o meu erro era ser um empregado exemplar, o melhor que eu pudesse ser.

E assim fui.

No fim daquele ano eu compus um rap mencionando o nome de cada funcionário da loja e cantei no meu último dia de trabalho, sob fortes aplausos. O pessoal curtiu à beça. E minha consciência continuava pesada.

A Márcia não facilitou a minha vida. Para aumentar a culpa que eu carregava, ela era cada vez mais maneira, até o ponto de me dar uma nova promoção: virei fiscal de loja.

Fiscal de loja, vê se pode!

Eu, justo eu.

A sorte é que a minha lição já estava aprendida.

Acesse mais informações sobre o capítulo escaneando ao lado ou acessando o link:

https://www.instagram.com/p/Cacd4dVrall/

CAPÍTULO 7
SHOW NA UERJ

Quando o Geração Futuro fazia parte das reuniões do CEAP e nos apresentávamos com os blocos-afros, recebíamos muitos convites para fazer shows em manifestações e protestos. Coisas como *Tributo a Martin Luther King*, *Greve dos Motoristas de Ônibus*, *Dia da Consciência Negra*... Eram eventos muito diferentes das festas que normalmente fazíamos com os blocos-afros. Primeiro porque o público era menor, depois porque não era tão empolgante. Mesmo que a temática africana fosse a mesma, o rap era só dedo na ferida, murro na cara o tempo todo. Não tinha a alegria dos batuques ou a leveza do samba reggae.

Nessa, fomos convidados para tocar na manifestação dos professores, uma greve que já rolava havia meses e paralisara escolas e universidades de todo o Brasil. Caía uma garoa fina que às vezes dava uma trégua, o palco era a Concha Acústica da UERJ e, na plateia, meia dúzia de gatos pingados, quase todos meus camaradas, que, por sua vez, faziam parte das outras bandas e também estavam ali para se apresentarem: Realidade Social, Contagem Regressiva, Poetas de Ébano, Togun, As Damas do Rap, Consciência Urbana... A geral estava lá! Quem olhasse rápido, podia fazer a seguinte leitura: os brancos eram os estudantes, os pretos, os grupos de rap que estavam ali para se apresentar (ou seja, nós).

Era a última formação do Geração Futuro. Eu, Adão e DJ Alessandro. Já tínhamos cantado umas duas ou três músicas, eu havia acabado de fazer uma fala sobre as desigualdades sociais no Brasil, quando de repente fui interrompido. Parei na hora! No outro lado do palco, havia um pedestal com um microfone aberto. Sem que eu percebesse, uma mina da plateia subiu ao palco e agarrou o microfone. Fiquei sem ação. — Eu quero falar! Eu preciso falar! — ela gritou ao microfone, agredindo nossos tímpanos. Na sua voz meio mole, uma inflexão poderia sugerir embriaguez ou coisa assim. — Eu sou neta do maior arquiteto deste país, vocês sabiam? Mas olhem aqui, eu tenho dente podre na boca, estão vendo? Eu não sou rica! Eu sou pobre também! Mas eu tenho amor ao próximo! Eu faço trabalho social para os meninos da Candelária! E eles me roubaram! Eu fui roubada na Candelária! — ela berrava. Não havia qualquer conexão entre as ideias da moça. Todo mundo ficou ali paralisado, esforçando-se para encontrar algum sentido no conjunto de frases aleatórias. Mas não rolou. Ela estava claramente alterada.

Como todo mundo, me mantive sério, atento à verborragia desconexa da mina. Por dentro, um ódio do caralho. Sentia a raiva ferver, era o meu momento e tinha sido interrompido por uma sem-noção. Quando eu acreditei que o discurso tinha acabado, o pior aconteceu. A maluca veio na minha direção.

— E eu quero dizer de uma vez por todas! Não existe racismo no Brasil, porra! — ela gritou antes de jogar o microfone no chão, e me dar um tapa, com toda força, no peito. Nem tive tempo de absorver a humilhação. Minha resposta foi tão automática, e aconteceu tão involuntariamente, que por um momento achei que tivesse perdido o controle sobre o meu corpo. Depois do tapa, eu voltei com outro duas vezes mais forte na direção dela. Só me dei conta do revide, quando vi a cidadã parar lá na arquibancada.

— Você me bateu! — ela berrou na minha direção.

— Você que me bateu! — exclamei enfurecido.

Daí para frente foi ladeira abaixo. A energia errada contagiou a plateia. Quando dei por mim, o porradeiro já estava formado lá embaixo. E totalmente fora de controle. De um lado, os estudantes; do outro, os meus camaradas. Kamikaze, Julio Jamaica, Boca... todo mundo caiu pra dentro. Que parada feia!

Lá do palco, a minha visão era o Apartheid. Tentei apaziguar, gritar palavras de ordem, mas não rolou. Ninguém me ouviu. Não era mais uma questão de quem estava certo e errado. Eu ou a mina. Eram anos de opressão e desigualdade, porque nunca existiu um navio "branqueiro", porque brancos jamais deixarão de ter poder e privilégios, porque o racismo é um crime histórico que matou e continua a matar milhares de pessoas negras ao redor do mundo.

Não consegui reconhecer os meus amigos.

— Seu branco de merda! Vai tomar no cu, branquelo filha da puta! — xingavam, revoltados, pronunciando cada sílaba com o mais puro dos ódios. Qualquer possível ofensa vinda por parte dos estudantes estava neutralizada. Meus amigos estavam fora de controle.

Quando a insanidade reinou, coube a mim trazer um pouco de lucidez. De qualquer maneira, pus o microfone no pedestal, desci do palco e fui arrastando o meu pessoal para um canto seguro. Eles estavam possuídos, como se recém-saídos de uma sessão de exorcismo malsucedida. Eu sabia que se chamassem a polícia — e isso era bem provável! — os errados seríamos nós. Afinal, estudantes brancos estão acima de qualquer suspeita. Ninguém jamais buscaria entender toda a linha dos acontecimentos.

De repente, no meio da confusão, surgiu um negão com um violão nas costas, um jeito meio andarilho, hoje um famoso músico da MPB.

— Pô, gente, numa boa, parem com esse bagulho de racismo... Ok, pode até haver racismo no Brasil sim, mas e daí? Vocês precisam ser mais compreensivos — ele nos aconselhou, deixando geral boquiaberto.

Foi muito esquisito, para não dizer revoltante, perceber a tentativa do músico, tão negão quanto nós, em botar panos quentes na situação. Ele estava desqualificando o nosso sentimento, como se aceitar viver numa sociedade racista fosse a nossa obrigação, como se o racismo não dificultasse o acesso dos negros aos bens básicos da sociedade, como se o racismo não fosse um sistema de dominação, exploração e morte. Um troço difícil de entender e mais ainda de aceitar.

O músico continuou.

— Vocês têm que ser mais boa praça, entendem? Os estudantes são legais. Se souber levar, são ótimos.

— Porra, você viu o que a mina fez comigo? — perguntei indignado, para ter certeza de que ele sabia do que estava falando.

— Vi, cara. Mas essas coisas acontecem... — ele disse "acontecem" como se o ódio e a violência fossem formas aceitáveis de diversão.

O Boca era o nosso parceiro mais porradeiro. No lugar da mão tinha duas raquetes. No blá-blá-blá do cara, notei o Boca abrindo e fechando as mãos. Os olhos transbordando do mais cristalino ódio. Um novo porradeiro seria questão de instantes. Com toda a educação que ainda me restava, pedi ao músico para fazer a gentileza de sumir da nossa frente. Ao que ele prontamente atendeu. Pode crer, eu estava lhe fazendo um grande favor.

A gente estava muito puto, agitados, loucos para arranjar mais confusão e sair quebrando tudo. Já não era mais o "sair quebrando tudo" de jogar uma bombinha no cinema. Agora éramos homens feitos, queríamos anarquizar. Por sorte, a tia do Alessandro estava conosco, ela tinha ido assistir o Geração Futuro pela primeira vez. Num discurso que mesclava oração com aconselhamento, ela foi nos trazendo de volta à realidade. Mais calmos, concluímos que não havia mais nada a fazer, a não ser ir embora.

— Meninos, vamos para casa. Já está tarde e voltou a chover — a tia falou, recolhendo as nossas mochilas espalhadas pelo chão. — O show acabou. Andem!

No caminho até a Rua Vinte e Oito de Setembro, onde ficava o ponto de ônibus, passamos em frente a um bar. Lá dentro, uma rodinha de estudantes cantarolava "Jorge da Capadócia", de Jorge Benjor, ao som do violão do negão que tentara nos inferiorizar horas antes. Em cima da mesa, dançando igual uma doida, a mulher que me bateu com o microfone no peito e acabou com o nosso show. É uma puta vitória do racismo quando um negro não tem empatia com outro negro. Ficamos putos de novo, mas a tia do Alessandro não nos deixou sair do caminho. Especialmente porque o 268 (Praça 15/Rio-Centro) apontou na rua e só passaria outro uma hora depois.

Ao nos ver correndo na direção do ônibus, o motorista acelerou. Sob gritos de "Corre que é arrastão!", as pessoas que esperavam no ponto também evaporaram. Eu, Alessandro, Pablo Canarinho, Adão, Kamikaze, Boca e mais alguns, todos pretos e com roupas de rap, fomos confundidos com bandidos ou sei lá o quê. Foi uma sensação muito ruim. A segunda daquela noite. Nas horas de espera que se seguiram, ninguém chegou no ponto.

E se o ônibus não vem, quem vem?

Exatamente.

A viatura reduziu a velocidade e ficou rondando o ponto de ônibus. Pior do que não saírem com uma abordagem violenta, era a polícia ficar tocaiando. Não se sabe se dali vai partir um tiro, um pacote de drogas forjado, sabe lá Deus o que vai acontecer. Quando eles pararam em frente ao ponto, a tia do Alessandro deu um passo à frente, e eles baixaram o vidro.

— Boa noite, seu policial! Os meninos estão comigo. Esse aqui é o meu sobrinho — ela passou a mão na cabeça do Alessandro. — São todos artistas, seu policial. Estão vindo de um show que fizeram ali na UERJ.

— Estão todos com a senhora? — perguntou uma voz rouca vinda de dentro do carro.

— Estão sim, senhor — ela garantiu com firmeza.

Não houve nem tchau. Não houve qualquer despedida. Os policiais simplesmente subiram o vidro, saíram cantando pneu e sumiram no asfalto, enquanto nós mofamos mais um pouco à espera do ônibus.

E a maluca ainda vem dizer que não existe racismo no Brasil. Tá bom.

Acesse mais informações sobre o capítulo escaneando ao lado ou acessando o link:

https://youtu.be/BbtyDEoSNRo

CAPÍTULO 8
A PRIMEIRA VEZ QUE FUI A SÃO PAULO

Eu nunca tinha ido a São Paulo. Mas já era rodado o suficiente para saber que Sampa era o epicentro da cultura hip-hop no Brasil. Depois de o Geração Futuro sair na revista DJ Sound, na coluna do Fábio Macari, não havia dúvida: era hora de respirar ares paulistanos. O Adão teve a mesma ideia.

— Porra, Bill, a gente tem que ir para São Paulo!
— Caraca, tô com essa parada na cabeça também.
— Lá que é nosso lugar!
— Mas como é que a gente vai fazer para ir a São Paulo?
— Aí tu me pegou...

A primeira ideia foi pegar dinheiro emprestado, mas todo empréstimo pressupõe um pagamento, e a gente era fodido demais para conseguir fazer dívida com alguém.

— Patrocínio! — o Adão sugeriu na sequência, porque era a única alternativa que se encaixava nas nossas possibilidades.
— Tá. Mas de quem? — veio a pergunta de um milhão de dólares.

Minha família não tinha a menor condição. Àquela altura, o meu pai já tinha metido o pé de casa e a minha mãe trabalhava em mansão de madame para bancar sozinha a nossa humilde residência. No barraco do Adão, mesmo com o emprego de promotor, o cenário não era diferente.

Tivemos que botar a cabeça para funcionar. E nessa de um pensamento que leva a outro, Adão e eu nos lembramos do N.W.A, um grupo norte-americano de rap que tinha três MCs e um DJ muito talentoso. Certa vez, eles foram atrás de um traficante que pudesse investir uma grana na banda deles. Moral da história: o traficante acabou virando um MC da banda. Era o dinheiro do tráfico alavancando a arte. Isso nos deu uma ideia.

— Opa! Pode ser um caminho — concluí por falta de uma ideia melhor. Na maré braba que atravessávamos, era isso ou ficar no Rio mesmo.

O segundo passo foi decidir nossa vítima.

Walmir foi o escolhido. O chefe do tráfico da Cidade de Deus, a figura mais casca grossa e temida da favela.

Calma. Havia uma explicação. O Walmir fazia a linha Robin Hood, um tipo de criminoso raro, que já não existe hoje em dia, que dá assistência total, manda comprar gás para morador, faz festa de Natal, distribui presente para a molecada... Na CDD era Deus no céu e Walmir na terra, numa época de guerras menos intensas, onde as facções se resumiam a Terceiro Comando, Comando Vermelho, e a Milícia, que a gente chamava de "Polícia Mineira", coisa que só existia na Gardênia Azul e no Rio das Pedras.

Além disso, a gente suspeitava que o Walmir curtia um som. Ele andava a favela toda com um rádio ligado, ouvindo música.

— Esse cara aí pode financiar a nossa viagem, Bill — Adão disse com o know-how de um analista do mercado financeiro.

— Bora nele então. — topei o desafio.

Daí para construir a nossa estratégia foi um pulo.

Eu e Adão nos vestimos com nossas roupas de rap e ensaiamos toda a abordagem. Sabíamos que não dava para chegar com um "Boa noite, senhor, por obséquio paga a nossa viagem a São Paulo?", porque, ao mesmo tempo que o Walmir era um cara maneiro, ele também era sinistro pra caralho.

Foi ele quem trouxe os primeiros fuzis para a CDD. Não gostava de bagunça na favela, eliminou vários desafetos. Geral sabia que vacilar na gestão dele não era bom negócio.

Certa vez, eu o vi desarmando dois bandidos do seu bando e pondo os dois para brigar na mão e acabarem com as diferenças. Enfim, um maluco cabuloso.

Quando o Walmir e seu bonde apontaram na porta do baile do Coroado, eu e Adão sentimos até dor de barriga. Estávamos com um vinil do *Tiro Inicial* nas mãos.

Logo teve início, entre nós, um campeonato de acotovelamentos.

— Vai você!

— Vai você primeiro!

— Primeiro é o caralho. Vai você!

— Vai você, mané!

— Vai você. A ideia foi sua!

Quando chegamos bem perto e o Walmir olhou na nossa cara, tive vontade de sair correndo. Só não fui porque faltou perna.

Mesmo sendo cria de favela, mesmo já tendo falado com tantos bandidos, chegar no Walmir era amedrontador.

— Oi. Seria possível rap São Paulo a gente toca.

— O quê? — Walmir olhou para nós de cima a baixo sem entender nada.

— Desculpa. A gente, nós dois, São Paulo?

— Como é que é?

— A gente São Paulo gostaria, quer dizer...

— Não tô entendendo vocês.

Nem a gente estava.

— A gente rap.

— Rap o quê?

Eu respirei fundo:

— A gente canta rap — consegui construir uma frase com sentido.

— E daí?

Cada pergunta que ele fazia parecia um tiro para o alto.

No fim das contas, a gente mais explicou o que fazia do que pediu o dinheiro para a viagem. Entregamos o vinil pra ele e não falamos em grana. Faltou coragem, eu acho. Foi frustrante quando o Walmir teve que ir embora e a gente sacou que não tinha falado porra nenhuma. Um tiro pela culatra total.

O Walmir morreu dois anos depois, na Treze, na CDD mesmo, numa situação obscura, cheio de tiros pelas costas. Até bem pouco tempo vários postes da CDD ostentavam uma letra W, em sua homenagem. E na favela havia até um santuário, em memória a ele.

De volta à estaca zero, resolvi voltar a tomar conta de carro lá na Freguesia. Combinei com o Adão que o dinheiro que eu conseguisse levantar juntaria com as economias dele, basicamente o limite do cheque especial que ele sacou. Eu já tinha tomado conta de carro antes, sabia que era uma grana rápida. O foda é que tomar conta de carro sendo criança é mole. As madames ficavam com pena e desembolsavam. Mas sendo marmanjo, com barba na cara, não colava mais. Moral da estória: consegui merreca.

Mas foi o suficiente para comprar as duas passagens de ônibus e realizar o meu sonho de ir a São Paulo.

Pegamos o 266 — Cidade de Deus x Rodoviária, lá na Novo Rio —, e embarcamos no ônibus da Cometa. As seis horas de viagem em nada me assustavam. Eu estava feliz pra caralho. Estava tudo dando certo.

Não fosse um pequeno detalhe.

— Que dia é hoje? — perguntei ao Adão, tentando reclinar a poltrona do ônibus, em busca de uma posição mais confortável.

— Sexta-feira.

— O Carnaval é que dia? — questionei da forma mais despretensiosa.

— Amanhã — Adão também respondeu de forma mais despretensiosa ainda.

Um clique estalou na minha cabeça.

— Porra, Adão, hoje é sexta-feira de Carnaval! — exclamei, num solavanco. — A gente tá indo para São Paulo no meio do Carnaval, cara!

— Mas era a passagem que tinha, ué. — estava explicado por que a gente conseguiu comprar as passagens num preço tão barato.

— Cara, mas não vai ter ninguém em São Paulo — pressenti.

— Tá doido? — o Adão deu de ombros. — Claro que vai! São Paulo é São Paulo, cara! São Paulo é foda! Sempre tem festa de rap por lá.

Só que não era bem assim. Quando o nosso ônibus apontou na Rodoviária de São Paulo, no Tietê, desembarcamos numa cidade fantasma. Os prédios imensos faziam a gente parecer uma formiga, as ruas vazias revelavam o submundo. São Paulo era foda! Muito mais incrível do que eu podia alimentar na minha imaginação. É claro que a gente não tinha onde ficar, porque a ideia era chegar na sexta-feira, pegar um baile na madrugada de sábado e voltar para casa no domingo.

Sem destino, ficamos perambulando pelas galerias. Quase tudo fechado. Falando com um e outro, descolamos o telefone do DJ Hum e ligamos do orelhão.

— Alô!

— DJ Hum? Aqui quem fala é o MV Bill e o Adão, lá do Rio de Janeiro, da Cidade de...

— Sim — ele interrompeu, apressado. — Tô ligado em vocês. No que posso ajudar, mano?

— A gente tá aqui em São Paulo para ver você, o Thaíde, os parceiros todos... Onde é que tem show hoje?

— Puta, mano, hoje é sexta de Carnaval. — ele deve ter achado que nós éramos dois ETs. — Eu vou sair da cidade. Tô indo viajar com a minha família...

Foi um balde de água fria perceber que todo o nosso esforço fora em vão. São Paulo era São Paulo, mas no Carnaval não rolava nada. Através do DJ Hum ainda conseguimos falar com o KL Jay, o DJ do Racionais, mas nada feito. Ele também não estava na cidade.

Definitivamente, não tínhamos para onde ir nem o que fazer. Então compramos dois sanduíches de churrasco grego que vinha com um refresco aguado e matamos a fome. Depois, sentamos num banco próximo à galeria Vinte e Quatro de Maio e ficamos ali, desolados, sem plano nenhum, esperando o domingo chegar para ir embora.

Foi um alento na nossa frustração quando, do nada, vimos se aproximar um maluco todo vestido de rap, com uma roupa importada que eu e Adão babamos.

— Firmeza aí, rapaziada? — ele se aproximou para apertar a mão do Adão e depois a minha.

Antes da viagem havíamos sido alertados de que paulista era foda. Tinha raiva de carioca, dava informação errada e às vezes até matava; afinal, paulistas eram chegados numa chacina, falaram. Por isso, nos recomendaram mudar o sotaque, para que ninguém percebesse que éramos do Rio.

— Vocês são de onde? — o maluco perguntou.

— Do Rio de Janeiro — respondi, meio bolado, já imaginando as manchetes no dia seguinte "cariocas são mortos em São Paulo durante o Carnaval". Por outro lado, a gente estava muito na merda para esnobar alguém. Contamos toda a nossa história: Cidade de Deus, rap, Geração Futuro, baile, favela...

Em meia hora já éramos amigos de infância. O maluco se chamava Magno C4, trabalhava na Vinte e Cinco de Março vendendo artigos de "segunda linha", como ele dizia. Inclusive, todo aquele figurino dele era segunda linha. Em bom português: genérico.

Mas nas horas vagas, o Magno era também rapper, DJ e dançarino de break.

— Meu, vocês são muito loucos de virem assim sem nada, em plena sexta-feira de Carnaval. Hoje não tem festa, não tem evento, não tem nada.

A gente já tinha sacado, é claro. Pura decepção.

— Vamos lá em casa — ele chamou.

— Onde você mora?

— Aqui do lado.

Magno morava num apartamento gigante, que dividia com os irmãos. Na casa dele, tomamos banho, descansamos e ouvimos o disco inédito que ele havia gravado com a banda dele; o nome da música principal era "Hip-hop, esse é o movimento". Lá pelas tantas, descobrimos um baile rolando em Perus. Longe pra caralho. Só chegava de trem, e depois de meia hora de ônibus. Foda-se, a gente estava em São Paulo e não tinha outra coisa. Partimos para lá.

Já na esquina foi possível notar a diferença. Até então, eu nunca tinha ouvido rap numa caixa de som realmente grande, tipo de equipe de som de baile. Rap, de verdade, eu só ouvia em caixa de som pequena, porque o que tocava nos bailes do Rio, convenhamos, não era rap rasteiro e muito menos o nacional. Era o Miami Bass Sound, um estilo mais parecido com eletrofunk.

O fato é que a sensação de ouvir rap naquele volume, alto pra caralho, foi muito libertadora. Era rap sem medo de ser rap. Fiquei feliz. E até dancei quando tocou samba rock e melodia. Sim, nos bailes de São Paulo tocava rap e música lenta — que eles chamavam de "melodia" e samba rock.

O baile não estava cheio, mas todo mundo dançava o mesmo passo. Em alguns momentos faziam rodas de break e a galera dançava no chão. Quando o Magno foi ao centro e deu um moinho de vento terminando com giro de costas, eu olhei para o Adão. Tenho certeza que ele pensou a mesma coisa que eu: "Colamos no maluco certo!" O Magno era dos nossos. Que sorte!

No dia seguinte, o Magno levou a gente para conhecer a rapaziada do Jabaquara Breakers, uma das mais emblemáticas gangues de breakdance do país. Os caras acolheram a gente de um jeito muito maneiro. Foi o Magno também que nos apresentou ao Xis, à Rubia, ao PMC e aos malucos do Consciência Humana. A gente viveu tanta coisa de uma vez que pareceu termos passado uma semana em São Paulo.

Na hora de arrumar as coisas para ir embora, ganhamos uns bonés e camisas que jamais encontraríamos no Rio. Tiramos muita onda lá na CDD.

Reencontramos o nosso amigo muitas outras vezes. Lá em São Paulo mesmo, em eventos que o Magno arranjou para o Geração Futuro tocar e divulgar o trabalho. E no Rio, quando convidamos o Magno para participar da segunda edição do *SOS Consciência*, o evento que organizamos na Cidade de Deus. O Magno levou o Xingu, DJ Branco e o Macaxera, parceiros da banda e sangue bom como ele.

Mesmo após o fim do Geração Futuro, fui ciceroneado pelo Magno nas festas no Club House de Santo André inúmeras vezes. Foi através dele também que consegui cantar a primeira vez no Club, em Diadema.

Magno foi fundamental.

Recentemente nos encontramos num show e nos reconectamos. Amizade para a vida toda.

Dentre tantas coisas, minha primeira viagem a São Paulo mostrou que, às vezes, quando está tudo errado é justamente quando dá tudo certo.

Acesse mais informações sobre o capítulo escaneando ao lado ou acessando o link:

https://youtu.be/H4wByw3pgqI

CAPÍTULO 9
O PRIMEIRO SHOW DOS RACIONAIS NO RIO DE JANEIRO

"Por motivo de grave acidente, está cancelado o show do Racionais hoje à noite. A produção buscará nova data. Aguardem informações. Ass.: Produção!"

Li e reli a cartolina escrita aos garranchos, presa com durex na porta do Circo Voador, sem acreditar no que as palavras diziam. Como assim? Aquela seria a primeira apresentação do Racionais no Rio de Janeiro, e eu idealizava aquele show diariamente, enquanto ouvia repetidamente as seis músicas de *Holocausto Urbano*, o primeiro álbum da banda.

Eram três músicas de um lado e três de outro no vinil. Eu já tinha visto a capa do disco na revista *DJ Sound*, mas a gente ouvia mesmo era na fita cassete. Quando acabava um lado, você tinha que ir correndo apertar o Stop e mudar para o outro, do contrário a música se perdia. Embora fosse de São Paulo, o Racionais tinha um jeito de escrever que falava muito com a gente, no Rio. Eles nunca tinham vindo à cidade, quer dizer, já tinham gravado o clipe de "Tempos Difíceis" na Central do Brasil, mas nunca haviam se apresentado para o público carioca.

Àquela altura, eu já tinha tocado em vários lugares e vinha promovendo os meus próprios shows, mas precisava fazer um bagulho foda para chamar a atenção de um público maior. O Geração Futuro já era página virada, agora eu era MV Bill solo, acompanhado pelo DJ Alessandro. Além dos shows, fazíamos o programa *SOS Consciência*, na Rádio Jacarepaguá FM, uma rádio comunitária na CDD, que eu me fodia todo mês para pagar o espaço e manter o programa no ar. Os patrocinadores eram a minha salvação. Só que um maluco ficava três meses, o outro dois, o outro um... e eu na loucura de administrar a crise todo dia 5, quando vencia a mensalidade. O tesoureiro da rádio me olhava atravessado toda vez que eu chegava, era muita pressão.

Mesmo assim, valia a pena o esforço para que as pessoas ouvissem GOG, Consciência Humana, APC 16, RPW, Sistema Negro, as minhas próprias músicas e, é claro, os Racionais MCs. Para minha sorte, eu tinha um fiel patrocinador, o Ponto Bazar do Lima, a loja de material de construção do saudoso Seu Lima. Quando eu perdi todos os patrocinadores, Seu Lima me disse: "Eu vou ficar contigo até o fim, meu filho. Eu acredito nas coisas aí que você fala." Seu Lima não tinha a menor ideia do que eu cantava, mas ficou realmente até o fim. Descanse em paz, Seu Lima.

Então, quando fiquei sabendo do show do Racionais, no Circo Voador, um evento imperdível na cena do Rap Carioca, me programei para estar lá. Aquele cartaz na porta foi um tremendo balde de água fria. E na avalanche de especulações e informações desencontradas, não tinha um Google pra gente consultar.

— O Racionais sofreu um acidente? — um cara vestido de rap perguntou para outro vestido de rap, em frente ao cartaz pregado na porta do Circo Voador.

— É o que tá escrito aí... — o cara respondeu.

— Mas foi sério? — um terceiro quis saber.

— Pô, parece que morreu um maluco...

— Morreu nada! — esbravejou um quarto. — É boato essa porra.

— Se morreu vai dar no Jornal Nacional — um quinto concluiu.

Só que não deu. E a gente nunca soube da real. Mas uma pulga coçou a minha orelha anos depois, em 2002, na primeira vez que eu ouvi a música "A Vítima", do disco *Nada Como um Dia Após Outro Dia*.

> *Então Cocão, aí, não leva a mal não*
> *Mas aí vai fazer um tempo que eu 'to querendo Fazer*
> *essa pergunta pra você aí (Fala aí)*
> *Tem como você falar daquele acidente lá*
> *Eu sei que é meio chato, embaçado (É nada)*
> *Você quer saber a gente fala né mano, Vamos lá*
> *Foi dia ó, eu lembro que nem hoje ó, vixi até arrepia*
>
> *Dia 14 de outubro de 94*
> *Eu 'tava morando no Hebron 'tá ligado*
> *Aí o Opala 'tava na oficina do Di lá*
> *A gente ia fazer um barato a noite, 'tá ligado?*
> *A gente ia se trombar em Pinheiros*
> *Eu não sei se você se lembra disso aí*
> *Porque você ia com o Kleber direto pra Pinheiros*
> *Você ia direto, e nóis*
> *'Tava eu ia eu o Brown o blue pra Zona Sul*
>
> *Naquela noite eu acordei e não sabia onde estava*
> *Pensei que era sonho, o pesadelo apenas começava*
> *Aquela gente vestida de branco*
> *Parecia com o céu, mas o céu é lugar de santo*
> *Os caras me perguntando e aí mano cê 'tá legal?*
> *Cheiro de éter no ar nunca é bom sinal...*

Nunca toquei nesse assunto com o Edi Rock. Mas essa letra me esclareceu todo o lance por trás do cartaz que vi na porta do Circo Voador, e do show que não rolou. Para não deixar a galera na pista, a produção do Circo ainda organizou um show duas semanas depois, com a banda Pavilhão 9. Foi um show foda! Só não aplacou a expectativa pelo show do Racionais.

Naquela época, o público do Racionais era a galera do rock; homens brancos, cabeludos, cheios de tatuagem, poucas mulheres e poucos pretos. Só pessoas muito antenadas conheciam esse tipo de som. Lá na rádio comecei a lançar a pergunta: "Quem gostaria de curtir um show do Racionais no Rio?" Comecei a receber respostas de cidades de todo o Estado. Da Região dos Lagos à Região Serrana, da Baixada Fluminense à Região Metropolitana, lugares que eu nem sabia que a rádio alcançava. Uma força enorme no boca a boca. Muita gente esperava pelo show do Racionais no Rio de Janeiro.

Sabendo da minha enquete, um camarada chamado Emerson de Ogum apareceu lá na rádio dizendo-se produtor do Racionais no Rio de Janeiro. O papo dele era tentador; estava buscando um parceiro para trazer o Racionais ao Rio. Me prontifiquei na hora.

— Tô dentro! O que eu tenho que fazer?

— Bom, você sabe, trazer uma banda como essa tem um custo... — ele introduziu com um sotaque sei lá de onde.

— Quanto é que você quer? — fui direto ao ponto.

Até então eu ainda trabalhava na Ultralar. Minha mãe andava sorrindo de orelha a orelha, toda orgulhosa do meu contracheque. Só que a única forma de eu levantar alguma grana seria a minha indenização, se eu fosse demitido.

Não pensei nem duas vezes. Chamei a Márcia, minha gerente, e pedi para ser demitido. Ela ainda tentou me convencer a ficar, mas eu estava decidido. Na real, o que me movia era a certeza de que a vinda do Racionais me abriria portas, me daria a oportunidade de abrir o show e me apresentar para um público que eu não havia alcançado.

Com a grana da rescisão na mão, montei minha equipe de produção. Eu era o cabeça da parada, e o Emerson de Ogum só aparecia para dizer que precisava de dinheiro para fazer isso e aquilo da produção. Era reserva de agenda, passagem, traslado... Ele usava uns óculos na ponta do nariz e andava com uma bolsa a tiracolo atravessada no peito. Eu tinha uma curiosidade fodida para saber o que tinha lá dentro. Dinheiro, arma, pipoca, carnê das Casas Bahia... talvez fosse a grana da minha indenização da Ultralar, já que eu botei praticamente tudo o que ganhei na rescisão na mão dele. Para mim só uma coisa importava: trazer o Racionais ao Rio.

— Quantas pessoas são esperadas no show?
— Não sei.
— Quanto vai ser o preço do ingresso?
— Não sei.
— Que horas vamos começar o show?
— Não sei, Emerson. Eu só quero que o Racionais venha. Você vai trazer os caras, não vai?

Pela proximidade com a Cidade de Deus, escolhemos fazer o show lá no Bandeirantes Tênis Clube. Ao chegar lá para desenrolar, descobri que o Diretor Social do clube era um policial que trabalhava no DPO da Cidade de Deus, um cara supertemido na favela, que adorava bater nas pessoas, desrespeitava morador... Quando bati o olho nele, pensei: "Fodeu, não vou arrumar nada aqui". O maluco tinha a testa naturalmente franzida, como quem nasceu para falar não. De cara, como se fôssemos marginais, ele disse que não queria o clube dele metido com "esse tipo de gente". Mas ao fim da conversa, mandou:

— Porra, tu acha que essa parada vai dar briga aqui dentro?
— Claro que não. A galera do rap é de paz! — até hoje não sei de onde tirei essa frase.
— Vai ter putaria? — ele insistiu. — Negócio de droga, maconha...?
— Nunca! — eu não tinha a menor noção, mas precisava passar credibilidade. — Em evento de rap não rola droga, garanto! — eu me comprometi por coisas totalmente fora do meu controle.
— Beleza, vamos fazer então.

O combinado era eles ficarem com o bar e uma porcentagem da portaria. E eu anunciei o show na rádio igual louco, mandei pendurar faixa na favela, aluguei carro de som, a porra toda! Botamos uma colega nossa, a Carlinha BR, para vender ingresso antecipado na porta do Bandeirantes. No primeiro dia de venda, ela voltou duas horas depois.

— Tá fazendo o quê aqui, Carlinha? — perguntei, sem entender, quando vi ela voltando antes do combinado. — A gente não tinha combinado que você ia vender os ingressos lá na porta?

— Então, acabaram!

— Como é que é?

— Vendi tudo!

— E o dinheiro?

Dos bolsos da calça jeans, a Carlinha BR foi tirando patacas e patacas de dinheiro. Um dinheiro que mal encostou na minha mão e já pulou para o bolso do Emerson, que brotou lá na rádio no fim do dia, acompanhado de um maluco estranho, com cara de castanha de Natal.

— Opa! Tudo bem por aqui?

— Tudo certo.

— Trouxe aqui um amigo.

Estendi a mão para o cara, que me correspondeu com a simpatia de um porco-espinho; tão caloroso quanto uma pedra de gelo.

— Celso Athayde — ele se apresentou, com um balançar de cabeça e uma arrogância que poderia ser lida como "sou mais foda que você".

Odiei de cara. E depois vim saber que ele também estava comprando algumas datas do Racionais no Rio. Eu, o Zé Ninguém que nunca havia produzido porra nenhuma, estava servindo de experiência-teste para os caras. Por duas ou três vezes, notei o olhar do Celso reparando o meu amadorismo. Um maluco metido a produtor que não sabia o que estava fazendo, foi a impressão que passei.

— Mas e aí, como estão os preparativos para o show? — Emerson quis saber. — O hotel já foi reservado?

Eu ouvia Racionais direto, assistia aos caras falando de favela, periferia, miséria, problemas, dificuldades... Tudo isso me fez pensar que os caras entenderiam o nosso jeito improvisado e topariam qualquer coisa. Equivocadamente, eu achava que os caras não se importariam por estarmos na favela.

— Como assim hotel? — perguntei, sem entender.

— Hotel para os artistas ficarem. — em seguida, Emerson perguntou, didaticamente: — Eles vão dormir onde?

— A gente arrumou um apartamento aqui na CDD pra eles ficarem. — o Alessandro tinha arranjado a chave do apartamento de um vizinho, que ficava fechado. Colocou quatro colchonetes, quatro toalhas e pediu à mãe dele para fazer um panelão de macarrão com salsicha.

O Emerson quase enfartou.

— Quatro pessoas é o que você vê no palco, Bill. Na verdade, a equipe toda são quinze pessoas.

Então eu quase enfartei.

Então, o Emerson pediu para conhecer o apartamento que havíamos conseguido, e eu morri de vergonha quando a minha ficha caiu. Havia botado a mão onde não alcançava. O problema é que, àquela altura, a minha indenização, e todo o dinheiro da venda antecipada dos ingressos, já estava com o Emerson. Eu não tinha mais de onde tirar nem um centavo. Ao mesmo tempo, não dava mais para voltar atrás.

— Olha, vocês vão ter que ver lá o que vai vender mais de ingresso para pagar urgentemente a alimentação e a hospedagem dos caras, porque eles não vão poder ficar aqui. — o Emerson informou.

Milagrosamente, a Carlinha voltou com mais grana, e nós demos tudo na mão dele. A quebra de todos os protocolos e barreiras colocados até ali veio com o Brown, que pediu para visitar a Cidade de Deus antes do show. Levei ele na minha casa, minha mãe havia feito um angu à baiana para ele. No calor de quarenta graus, uma suadeira do caralho. Depois viu um pôster com uma imagem dele colado na parede lá de casa junto de outros rappers brasileiros e americanos, foi humildade pura. Isso nos aproximou e fortaleceu. Foi do caralho! Tanto que, quando ganhei o prêmio da MTV com *Soldado do Morro*, fiz questão de agradecer nominalmente ao Pedro Paulo e ao Paulo Eduardo Salvador, Brown e Ice Blue, que se prontificaram a produzir meu primeiro disco e levaram a minha fita demo para São Paulo. Além, é claro, dos donos da gravadora, o William Santiago e Luiz Paulo Serafim. Foi a minha forma de retribuir.

O show do Racionais foi incrível!

Mas saí sem dinheiro nenhum. Também não fiquei devendo a ninguém. Desde o início, a minha intenção nunca foi lucrar. Eu queria mesmo era ir ao show do Racionais que não consegui ir anos antes, lá no Circo Voador.

Abrir o show dos caras foi puro êxtase. Casa lotada! Nenhuma confusão! Na entrada, vans de todos os cantos do Rio faziam fila. Tudo muito melhor do que eu poderia imaginar no meu melhor sonho! Depois da apresentação, montamos uma coletiva de imprensa com os vários jornalistas que apareceram por lá. No auge do show, lembro do Celso num canto, curtindo pra caralho. Curtindo tanto, que quando cheguei em casa o meu Teletrim apitou. A mensagem dizia: "GOSTARIA QUE VOCÊ FIZESSE A ABERTURA DO SHOW DO RACIONAIS QUE ESTOU ORGANIZANDO LÁ NA QUADRA DA IMPÉRIO SERRANO. ASS: CELSO." E assim passei a abrir todos os shows do Racionais no Rio. Fundição, Imperator, Circo Voador, Disco Voador, Tem Tudo, Quadra da Mocidade... onde o Racionais fez show no Rio, eu orgulhosamente abri.

Acesse mais informações sobre o capítulo escaneando ao lado ou acessando o link:
https://youtu.be/5NTmJoUS6Gw

CAPÍTULO 10
TRAFICANDO INFORMAÇÃO

Uma das minhas maiores influências no rap foi o Too Short, um rapper americano, de Oakland, que produzia e vendia o seu trabalho em fitas cassete no início da carreira. A primeira música que cantei na vida foi dele, quer dizer, em cima de uma batida dele, "I Ain't Trippin", que falava sobre uma viagem de crack quando a gente ainda nem sabia o que era crack no Brasil. Diferente dos outros rappers, o Too Short tinha batidas 100% instrumentais e para nós era difícil ter o próprio instrumental para fazer rap. Dependíamos de discos como o *Single Americano*, que vinham com a versão original, a vocal à capela e — a mais importante para nós — a versão instrumental.

Agora, pense a loucura que era escrever a música, imaginando a batida, para depois achar uma base instrumental que se encaixasse à composição, apesar de não ter sido feita para ela. Um trabalho artesanal! Quando se tinha um bom DJ, ele pegava um pedacinho do instrumental de um disco de vinil e um pedacinho do mesmo instrumental de um outro vinil e ia alternando de um aparelho de som para o outro, numa técnica chamada *Back to Back*. Isso permitia ao MC rimar em cima de uma batida que não era dele. Só que o DJ tinha que ser muito bom para estender a música por muito tempo. Foi assim que surgiu "Rapper's Delight", do Sugarhill Gang, que é considerada a primeira gravação de rap oficial. A música tem quatorze minutos, e ao vivo ela era feita em cima da base de "Good Times", do CHIC, que o DJ estendia, usando essa técnica por um tempão. Lá em casa, eu batucava no braço do sofá, o que deixava minha mãe louca da vida com as reclamações da Dona Maria e do Seu Homero, que moravam no andar de baixo.

"I Ain't Trippin", do Too Short, era um instrumental direto, um presente raro para nós. Os demais instrumentais tinham sempre um refrão, em inglês, obviamente, que a gente precisava ignorar cantando por cima. Ficava medonho. O Filhos do Gueto, grupo lá de Realengo, com quem gravamos a coletânea *Tiro Inicial*, usava uma base instrumental superbonita, mas o refrão era algo como "That's We! That's We!", que eles cantavam por cima gritando "Genocídio! Genocídio! Geno, geno, genocídio!". Eu nem sabia o que era genocídio. O fato é que a base do Too Short, sem refrão, nos permitia criar uma letra do início ao fim, sem adaptações.

Além dos instrumentais, o Too Short também foi referência para mim por uma outra razão: a forma como comercializavam suas músicas, vendendo as primeiras fitas no porta-malas do carro, pelas ruas da Califórnia. Por aqui, eu gravava as minhas fitas, mas e depois? O que fazer com a música? Até aquele momento, pensávamos que tudo devia ser feito pela gravadora, como se à gravadora coubesse a tarefa de nos indicar o caminho a seguir. Sem gravadora, ninguém chegava a lugar nenhum, não sabíamos pra onde ir.

Ok, eu não tinha o carro do Too Short e muito menos estava na Califórnia. Mas quem não tem cão caça com gato. No aparelho de som lá do trabalho, comecei a gravar fitas cassete com as minhas músicas mais conhecidas, "Marquinho Cabeção", "Oração pra Malandro" e "Atitude Errada", e passei a vender as fitas nos bailes blacks que eu frequentava. Portelão, Viaduto de Madureira, Vera Cruz, Disco Voador... fui a todos. A galera lá dançando, na beca, e eu chegava com a minha sacolinha de mercado, cheia de fitas para vender. Levava tudo entocado na cintura, dentro do tênis, num esquema meio clandestino. Em pouco tempo fiquei conhecido pelos seguranças. Em alguns bailes, me botavam pra fora. Em outros, eu nem entrava.

— Barra esse negão! Barra esse negão! — um segurança falava para o outro, na porta dos bailes. — Ele vem fazer camelô na festa, porra! Deixa entrar não!

Era como se eu fosse um fora da lei, um traficante, e minha música, o entorpecente. Talvez fosse isso mesmo. Na minha música havia alertas, denúncias... informações com potencial para mudar o mundo, ou pelo menos parte dele. Eu estava, portanto, traficando informação, e surgiu aí o nome do meu primeiro disco, aquele que eu lançaria anos mais tarde, depois de muito cantar sobre bases americanas e perceber o quão amador era esse esquema.

No dia que entendi o que era produção musical, entendi também que São Paulo estava anos-luz à frente do Rio. O saudoso Fabio Macari contribuiu para esse avanço, sua forma de produzir norteou muita gente nos anos 1990. Basicamente, ele "sampleava", tal qual os americanos faziam, pegando uma música de funk ou de soul antiga e transformando em rap. Era um gênio! Um cara pioneiro pra caralho. E eu ouvia essas paradas pensando o óbvio: a cena do rap paulista está muito mais avançada que a carioca.

Eu já tinha produzido o show do Racionais no Rio e feito algumas aberturas de show para eles, quando Celso convocou uma reunião lá na padaria Del Rey, na CDD. Apareceu o Mano Brown, Ice Blue, Milton Sales e Edson de Deus. Celso estava contratando uma série de shows do Racionais no Rio de Janeiro quando de repente mandou:

— Maneiro eu estar tra-tra-trazendo vocês aqui para o Rio, vocês estão ganhando o di-di-dinheiro de vocês, estamos colocando azeitona na empada dos Racionais. Tu-tu-tudo certo. Mas e o Bill? — Celso mandou o papo muito reto. E continuou: — Temos que fortalecer ele também. O cara precisa ser a voz no Rio. Pra isso, ele tem que gra-gra-gravar um disco.

Houve uma troca de olhares, mas nenhuma objeção. Todo mundo concordou.

Eu na minha estava, na minha continuei. Por dentro, entretanto, explodi de alegria. Internamente eu gritava: "Valeu, Celso!"

Milton Sales fez apenas uma ponderação: o disco precisaria ser produzido em São Paulo. Obviamente, concordei.

No fim da reunião, distribuí entre eles uma cópia das fitas que eu vendia nos bailes e, tempos depois, soube que foi justamente uma dessas fitas que me abriu as portas na Zâmbia, a gravadora que produzia os Racionais lá em São Paulo. Foram o Brown e o Ice Blue que levaram.

Na semana seguinte, lá estava eu desembarcando na rodoviária de São Paulo.

No primeiro dia de estúdio fui recepcionado pelo Brown e vários amigos que o acompanhavam. O combinado era que o Brown e o Ice Blue dariam uma olhada na produção e, se fosse o caso, até botariam a mão na massa. Tivemos um longo papo sobre a vida, shows, relacionamentos... demos muita risada. Não gravamos nada, na real. Mas essa resenha até a madrugada me permitiu aprender muita coisa com os caras.

Nos dias que se seguiram, o Brown colou no estúdio, ajudou na produção de "A Verdade que Liberta" e trocou mais um monte de ideias. Com Ice Blue produzi duas músicas: "Criolo com uma Arma" e "Atitude Errada". Quando eu fiz "À Noite", uma música mais para cima e dançante, o Brown não curtiu.

— Pô, mas essa música aí não sei não... tá dançante bagarai!

— Sim, a intenção é essa mesmo — expliquei.

No refrão, o Brown apontou:

— Esse refrão aí vamos mudar, ok? — ele perguntou já afirmando e repetindo o refrão de uma forma tão diferente, que mudava até a letra. Algo mais ou menos assim:

Esqueça o ódio que você sentiu
A violência que você viu

da Cidade de Deus para o Grande Rio, PJ — apelido que dei ao DJ Alessandro — *e MV Bill*.

Quando ele acabou de cantar, rolou um silêncio. Todos aguardavam a minha reação.

Por mais admiração que sentisse, eu precisava ser sincero.

— Pô, Brown, gostei não. Prefiro a forma original mesmo... — se tem uma coisa que nunca me faltou foi personalidade, eu não ia concordar sem ter gostado.

Claramente, o Brown não curtiu. Dez minutos depois, ele foi embora do estúdio numa vibe mais séria.

Eu poderia até estar enganado, mas o programa de rap da MTV exibido na semana seguinte confirmou tudo.

Quando o Rodrigo Brandão, o apresentador, perguntou sobre o cara lá do Rio que ele estava produzindo, o Brown foi categórico:

— Tô produzindo ninguém não. Rap é muita vaidade. Cada um se produz. Ninguém produz ninguém.

O recado foi pra mim, é claro. Mas não fiquei nada bolado, nem ao menos surpreso. Ao contrário, tive a convicção de que, em algum momento, eu e Brown nos tornaríamos amigos, o que mais tarde aconteceu, quando ele sacou que eu era só um cara com coragem de dizer o que penso.

O fato é que, não podendo mais contar com o apoio do Brown na produção, me vi sozinho com um puta desafio. No escuro, liguei para o Celso, que estava bancando a gravação junto com a Zâmbia.

— Pô, Bill, não é de hoje que eu ve-ve-vejo você cantando rap, falando de rap, discutindo so-so-sobre rap... Você sabe produzir essa porra sozinho, cara! Mete a cara aí e produz!

— Sei não, Celso... acho que eu preciso de ajuda...

— Precisa porra nenhuma. Vai lá e faz, Bill! Vo-vo-você sabe!

Podia até ser, mas, por segurança, recorri ao Ice Blue. Combinei com ele uma sessão no dia seguinte, às 10h, no estúdio. Eu estava hospedado no prédio ao lado. Não tinha erro. Chegaria cedo e ficaria aguardando com as coordenadas.

É claro que, no dia seguinte, ele não chegou. Liguei novamente para o Celso.

— Celso, eu tô sozinho aqui. O Blue não apareceu... O que eu faço?

Celso era uma espécie de mentor, ele sempre sabia me orientar.

— Pô, Bill, já te falei, irmão! Vo-vo-você sabe produzir essa porra sozinho. Faz essa porra, cara! Você sa-sa-sabe!

— Celso, você não tá entendendo...

— Tô sim, cara. Vo-vo-você que não tá! — ele retrucou. — Fa-fa-faz o que você foi aí fazer. Não dá é para a gente ficar gastando di-di-dinheiro com você aí parado — avisou antes de desligar.

O Celso foi determinante naquele momento. Mas eu o conhecia bem o suficiente para saber que ele era também um bom filho da puta, que podia não ter a menor certeza da minha capacidade e estar apenas agindo no meu psicológico. A questão era: será mesmo que eu tinha condições de produzir o disco sozinho? Até que ponto o Celso confiava que eu podia? Até que ponto *eu* acreditava? Mesmo não tendo idade para ser meu pai, Celso era uma referência muito forte na minha vida. Eu não tinha outra coisa para fazer em São Paulo a não ser gravar. O hotel meia-boca em que eu estava só tinha dois canais de televisão. Até a tevê da minha casa era melhor.

Ainda com o telefone na mão, olhei para o estúdio ao meu redor. O entra e sai de gente no coração da Bela Vista. Eu sabia que estava num dos melhores estúdios do país. Desejei tanto estar ali, mas agora que eu estava, não sabia o que fazer. Olhei para o relógio na parede, 13h25, o tempo estava voando. Voltei para o estúdio com as palavras do Celso ecoando na cabeça. Respirei fundo. A gente só sabe o quanto é forte até que ser forte é nossa única opção.

— Faz um beat que tenha um bumbo replicado com a caixa assim: pum, pum, pum, pá, pá, pá! — como eu não sabia dizer as notas, fazia tudo com a boca.

O Nilton Carneiro, músico e técnico de som do estúdio, ia tocando.

— Vê se é isso! — ele me mostrava o som.

— Mais para cá, ó! Pum, pum, pá, pá! Entendeu?

— Entendi. — sabe-se lá como, o Nilton entendia. — E o que você acha de botar uma harmonia aqui?

— Pode ser — concordei, antes de ponderar. — Mas tem que ser tudo nesse clima tenso. O *Traficando Informação* tem esse clima de tensão, tá ligado?

E nessa de ir fazendo os sons com a boca, produzimos alguma coisa. Devo muito ao Nilton Carneiro. Sem a qualidade e a paciência dele eu jamais teria feito aquele trabalho.

Quando deu sete horas da noite, já perto do horário de o estúdio fechar, quem aparece?

— Fala aí, Bill!! Firmeza?! — Blue chegou me cumprimentando, com sua voz baixa. — Produziu alguma coisa? — ele quis saber.

— Pô, fiz umas paradas aqui... posso te mostrar?

— Aperta o play aí! — ele pediu.

Com o dedo trêmulo de insegurança, apertei o botão vermelho. Ele girou na cadeira, fechou os olhos e jogou a cabeça para trás. Depois de alguns minutos de silêncio, mandou:

— Caraio, mano, puta que pariu! Isso tá uma paulada, hein? Caraio! Põe de novo aí!

Ouvimos mais uma vez, o que elevou minha confiança. Porque uma coisa era o Celso dizer que eu podia. Outra, era um cara do Racionais aprovar. Eu estou no caminho certo, repeti para mim mesmo, com a confiança na lua — a dose exata que eu precisava para concluir o restante do disco. O Blue ainda voltou ao estúdio algumas vezes, participou da faixa "O Verdadeiro Hip-Hop", mas concluí o disco sozinho mesmo.

Quando a vida não fica mais fácil, é a gente que fica mais forte.

A questão é que a música "Traficando Informação" ainda carecia de um clip. A MTV era a grande vitrine de artistas da época, e nós sabíamos que parte da promoção do disco viria através do videoclipe.

A questão era como fazer. Com que dinheiro?

Nessa mesma época, eu andava trocando umas ideias sobre cinema com a Kátia Lund. Nós nos reuníamos na casa dela para falar de roteiro, enquadramentos, livros... Eu tinha uma música chamada "Marquinho Cabeção", que contava a história de um cara que queria ser jogador de futebol, mas entrava para o crime e acabava morrendo com a camisa do time de coração, e a gente viajava na ideia de roteirizar essa história.

Quando, então, cogitamos fazer o clipe de "Traficando Informação", o primeiro nome que me surgiu à cabeça foi o dela.

Eu e Celso tínhamos dez mil reais, o que acreditávamos ser dinheiro pra caralho. Foi a própria Kátia quem nos mandou a real:

— Esse dinheiro é muito pouco, gente!

— Tá bom. De quanto você precisa então?

— Nem sei... eu nunca dirigi videoclipe. Só sei fazer cinema.

— Então faz cinema no videoclipe, ué — sugeri o óbvio.

— Não é assim, Bill... Esse trabalho não é barato.

— Tranquilo. A gente arruma o dinheiro — garanti, com uma certeza que não sei de onde vinha.

Mas nos contatos que se seguiram, a Kátia continuou resistente. Não por soberba ou coisa assim. Ela não sabia mesmo o que fazer. Já eu, tinha certeza: Kátia era a pessoa certa para tocar o trabalho.

Nós ainda chegamos a conversar com o Robin, um diretor bambambã. Quando falamos que tínhamos dez paus, o cara repetiu todo o papo da Kátia:

— Isso é muito pouco!

Poderíamos ter explicado que daríamos um jeito, tal qual fizemos com a Kátia, mas nem precisou. O próprio cara nos mostrou que não ia rolar. Ou melhor, não ia rolar com ele.

— Vamos botar um cara andando de skate, filmando com uma Super 8 na mão — o diretor sugeriu.

Eu e o Celso olhamos um para a cara do outro.

— Skate? — falamos juntos.

— A música chama-se "Traficando Informação", irmão — expliquei.

— É ti-ti-tiroteio, é corpo no chão, é gente morrendo, é ba-ba-bagulho doido! — Celso complementou.

— Mas a gente não pode adotar uma linguagem literal, entendem? — Robin insistiu.

— Oi? — Celso disse. Não estávamos entendendo nada.

— Linguagem o quê? — perguntei.

— Linguagem literal, tipo, falou na letra, fez no vídeo — o cara explicou com ar professoral. — É mais dinâmico falar uma coisa e mostrar outra, compreendem?

Compreender a gente compreendia, mas a questão é que a gente sabia o que queria. E a gente queria a porra da linguagem literal mesmo.

Voltamos à Kátia.

Ela novamente titubeou. E entoou uma conversa comprida sobre lata, película, revelação...

— Revelação do quê, Kátia? — perguntei. Para mim era só filmar e editar. — Você pode pelo menos ouvir o que eu pensei para esse videoclipe? Só ouvir — tentei.

Então, na brecha que consegui, mostrei a música e comecei a falar tudo o que eu havia pensado. Quando acabei, Kátia não tinha mais saída.

— Caramba, Bill, que problema você me criou! Agora eu vou ter que fazer esse trabalho! — ela abraçou a ideia. — O que você está me mostrando é muito visceral. Vou fazer porque acredito na sua verdade. E te digo mais: vou trazer os melhores profissionais para trabalharem nesse projeto. Faremos o melhor que for possível fazer — me garantiu.

Senti uma alegria da porra.

— Mas tem uma coisa! — a Kátia avisou, antes que eu comemorasse. — Você vai ter que ajudar com a preparação da locação. — A locação era a CDD, que eu conhecia como a palma da minha mão. Moleza.

— Claro! — concordei, sem a menor noção do que seria isso na prática.

Dias depois, quando vi chegar na favela aquele monte de gente, equipamento e caminhão — caminhão! —, não acreditei! Eu pensava que equipe de filmagem era só um câmera, um assistente, e pronto.

Ainda bem cedo pela manhã, a primeira coisa que a Kátia me disse quando pisou na Cidade de Deus foi: — Bill, me mostra as locações!

— Oi?

— Onde cada cena vai acontecer. Me mostra.

— Ué, vai ser tudo aqui na favela mesmo.

— Tá. Vamos uma por uma então. A cena do jovem morto, em que lugar será?

Eu não tinha pensado nada nesse nível de detalhe. Mas não podia parecer assim tão amador.

— Imaginei ali, olha! — apontei para uma direção qualquer.

E assim, apontando a esmo para todas as direções, fui definindo as locações que eu não havia pensado previamente, criando tudo na hora, como um avião construído durante o voo.

Eu não sabia que uma produção audiovisual exigia tanto planejamento. Para ser sincero, eu não sabia de porra nenhuma. Na minha ignorância, eu achava que fotógrafo, no cinema, era o cara que ficava tirando foto dos bastidores. Quando a Kátia me apresentou ao Breno Silveira, eu não tinha a menor noção de que o meu clipe simplesmente estava sendo fotografado por um dos melhores profissionais do Brasil, aquele que faria do *Traficando Informação* o meu trabalho com a fotografia mais elogiada.

Claro, era o Breno Silveira, né?

No nosso desconhecimento, tratávamos todo mundo como qualquer pessoa. Entre os maiores nomes do cinema, Celso se dirigia: "Oh maluco!", "Oh maconheiro!", "Chama aquele doido ali para mim!".

Kátia cumpriu o prometido, chamou os melhores. E estava todo mundo no amor.

Todo mundo no amor debaixo de um sol de 40°, na Cidade de Deus.

No dia seguinte ainda fomos ao Cantagalo, filmar na casa do bruxo. Eu até podia não ter muita noção, mas sempre soube o que queria. Na cena do pagode, que gravamos com a participação do grupo de samba Só Preto Sem Preconceito, falei para a Kátia:

— Nessa hora eu queria que a música parasse, entrassem os caras tocando o pagode, e depois os tiros. Só no final é que a música voltaria, entende? — e eu ainda tive a ousadia de avisar: — Fica tranquila que eu já até sei onde a música para!

A Kátia franziu a sobrancelha e me olhou como se eu estivesse pedindo o rim dela emprestado.

— Sem chance, Bill. Isso não existe.

— Vai ficar legal...

— Claro que não vai. Não tenho como fazer som direto aqui.

— O que é som direto?

Kátia olhou para cima, em busca de um pouco de paciência.

— Bill, para fazer isso eu teria que gravar o som. Eu não tenho equipamento aqui para gravar o som.

— Grava na câmera mesmo, ué! — a ignorância nos dá uma criatividade ímpar.

— Tá louco, Bill?

Com muito custo, convenci a Kátia a fazer a tentativa, pegando o microfone do diretor — o microfone usado para se comunicar com a técnica. Sabíamos que estava muito longe de ser o equipamento adequado, mas era o que tínhamos.

Semanas depois, quando a Kátia foi montar o clipe, ela me ligou.

— Bill, sabe aquela cena que você falou para parar a música? Ficou boa à beça, meu parceirinho! Você tinha toda a razão.

Nós comemoramos pra caramba. E eu ainda nem sabia que *Traficando Informação* seria indicado ao prêmio de melhor videoclipe de rap. E Kátia não fazia ideia de que aquele era só o primeiro dos muitos clipes musicais que ela faria em sua carreira.

Para ser bem sincero, os detalhes técnicos que tanto preocupavam a Kátia não tinham a menor importância para mim. Eu sabia que perto da emoção do pessoal da favela atuando, muitas vezes revivendo seus dramas pessoais, qualquer problema técnico passaria batido.

A senhora que fazia o papel da mãe que perdia o filho, já tinha perdido o filho de verdade. O menino que se ofereceu para fazer o defunto, já tinha perdido o irmão — e, anos depois, morreu numa circunstância mal explicada. Sem imaginar o que o destino faria, no dia da gravação demos a ele o apelido de Morto.

— Cadê o Morto? — o diretor chamava.

— Deita aí, Morto! — o assistente pedia e todo mundo ria.

Mas no momento em que ele se estirou ao chão e teve o corpo coberto por jornais, a graça sumiu. Era a nossa ferida aberta, nosso terror de todo dia, a cena que vimos acontecer com parentes, amigos e vizinhos (com a diferença de que, na vida real, não tinha alguém para gritar "Corta!" no fim). Foi uma catarse para a favela, interpretar seu próprio papel.

No silêncio sepulcral, até a galera do movimento apareceu.

— Podem chegar! — acenei para os caras, carregando a minha sobrinha no colo. — Vocês são parte disso aqui também. Venham! — fiz questão de incluí-los, porque era a mais pura verdade.

Gravação na CDD, a gente só conhecia de reportagem policial. Por isso, quando eu chamei o pessoal para participar, todo mundo topou na hora. Era a nossa chance de tirar a CDD da página policial e incluir no caderno de cultura, o lugar que a gente sempre mereceu ocupar.

Estar no clipe foi para todo mundo uma forma de expressão. Inclusive para mim, que passei boa parte da gravação com a minha sobrinha no colo. Eu, que ajudava minha irmã a criá-la, fazendo as vezes de pai, tio e padrinho, achei que era uma ótima oportunidade de mandar um papo reto para o maluco descobrir que pai é quem cria, através da música:

Igual ao pai da minha sobrinha,
fez filho na minha irmã, não assumiu, sumiu.
Pai, padrinho e tio da minha sobrinha sou eu, MV Bill.

Sei lá se ele entendeu.

O fato é que, apesar de ser uma música sobre sofrimento e abandono social, a Cidade de Deus fez dessa música um momento feliz. Maneiro pra caralho! Quando o clipe estreou na MTV foi uma euforia só. A galera tinha "TV a gato" e todo mundo queria se ver na tela. A CDD parecia o Maracanã. Poucas vezes me senti tão orgulhoso por algo. As pessoas chamam isso de realização pessoal. Uma alegria fodida.

O clipe ainda concorreu a melhor vídeo de rap, melhor fotografia e melhor direção de arte. Não ganhamos em nenhuma, mas ser indicado em todas essas categorias no VMB da MTV já era foda pra caralho. E não é papo de perdedor não!

Pena que, ao longo desses anos, essa alegria foi se transformando num sentimento meio esquisito, que deixa na boca um gosto metálico, quando me dou conta de que pouquíssimas pessoas que participaram do videoclipe estão vivas até hoje. Tiro, briga, atropelamento, doença... a maioria já não está mais aqui.

É a vida.

Na favela.

Acesse mais informações sobre o capítulo escaneando ao lado ou acessando o link:

https://youtu.be/JRa3gQwq0Vs

CAPÍTULO 11
SOLDADO DO MORRO – PARTE I

Eu não tinha muita preocupação com a minha carreira. Quando fiz *Traficando Informação*, eu pensava estar enaltecendo a CDD, botando a minha favela num outro patamar. Talvez desejasse, sim, gravar um disco. Mas não tinha um plano mais sólido a longo prazo. Essa noção só fui ganhar tempos depois, com o Celso, na época em que eu trabalhava de faz-tudo na Para-Raio, a loja de CDs que ele tinha lá em Madureira. De office boy a leão de chácara, de faxineiro a segurança, de cobrador a babá, eu fazia de tudo. O Celso me dizia:

— Eu vou gravar o seu disco. Mas você ainda não dá dinheiro, então vai ficando por aí.

E era o que eu fazia. Já enxergando Celso como uma referência, um mentor, alguém com convicções muito próximas às minhas, um cara que eu ouvia e gostava de mostrar minhas músicas porque quase sempre elas traduziam nossos mesmos anseios e pontos de vista.

E inspiração para fazer música não me faltava.

Claro, morando numa COHAB, dentro da CDD, minha janela era um cinema 3D. Às vezes passava filme de ação, às vezes de drama... até comédia rolava. O fato é que toda essa movimentação de polícia entrando na favela, do corre-corre pelas lajes e becos, ou mesmo o tédio do cara sentado numa cadeira velha, com o fuzil atravessado no peito, tirando o plantão enquanto o churrasco rolava, encontraram campo fértil na minha mente criativa. Eu tinha muitos amigos na boca de fumo, sabia exatamente o que os caras pensavam. Daí para escrever uma música foi um pulo. Transgressor desse jeito, é claro que o Celso gostou.

— Aí, essa música é pi-pi-pica, hein! — ele exclamou, empolgado. — Essa música é pica pra caralho!

Então, quando rolou o contrato com a Natasha Records, que previa a distribuição pela BMG, saquei que era hora de mostrar serviço. Eu, que vinha escrevendo essa e outras músicas para um possível futuro disco, pensei, "Futuro é o caralho". Incluí essa faixa, até então sem título, e uma outra chamada "De homem para Homem".

Escolado pelo *Traficando Informação*, a ideia era que eu mesmo produzisse as músicas. Para isso, escolhi o sampler "In The Mood", do Tyrone Davis. Resolvi gravar no mesmo estúdio, o Ateliê, lá em São Paulo, para que todo o disco tivesse a mesma cara.

— Bom dia! — o sorriso da Walkiria, a recepcionista do estúdio, iluminava toda a Bela Vista. A gente até esquecia que tinha entrado no prédio pelo subsolo, depois de uma ladeira da porra, num prédio onde só moravam idosos que, claramente, torciam o nariz para a gente. — Gostaria de um café? Um chá? Uma água? O que eu posso te oferecer? — a simpatia deixava Walkiria ainda mais bela, se é que isso era possível.

— Uma água — eu respondia meio acanhado, puto por não conseguir sustentar minha atitude de mau perto dela.

A Walkiria era foda.

Entre o meu abobamento e a pressão de gravar as músicas, um som instrumental roubou minha atenção. Peguei o copo d'água e avancei pelo corredor. Na sala da ponta, bati o olho num maluco trabalhando. Um maluco esquisito, branco, com cara de lombriga, que eu nunca tinha visto por ali.

— Opa! Fala aí! — abri a porta e me dirigi a ele. — Bill — estiquei a mão para cumprimentá-lo.

O cara olhou para a minha cara, tirou o fone do ouvido e balançou a cabeça, como se me reconhecesse de algum lugar.

— Tô ligado. Já ouvi umas coisas suas por aí — ele se levantou e apertou minha mão. — Luciano. Luciano SP, é como o pessoal me chama por aqui.

— Pô, maneiro esses samplers aí! — cresci o olho no som do cara, que era realmente muito bom.

— Pode crer — ele concordou, botando um sampler mais maneiro que o outro.

Eu que havia chegado certo do que ia gravar, agora tinha outra certeza: eu não ia mais gravar o que tinha levado. O problema é que o tempo estava contra mim. Eu tinha até o fim do dia para concluir a música e apresentá-la ao Celso, que passaria no estúdio para acompanhar o trabalho.

— Escuta isso! — o Luciano interrompeu os meus pensamentos com um som meio metálico, meio melancólico, meio fúnebre, meio submundo. Um som bem diferente de tudo que eu já tinha ouvido! E olha que eu já tinha ouvido era coisa.

Tim, dim, dim, dim...
Tim, dim, dim, dim...

Gelei. Paralisei. E tive a mais absoluta das certezas: aquele era o sampler da minha música.

Era engraçado, porque a música sequer tinha título, mas eu sabia que estava concebendo um dos meus maiores sucessos. Mais que isso, tinha plena noção de que estava criando uma música diferente, polêmica, que impactaria a opinião pública e a minha vida. Sabia, obviamente, que a música teria um clipe, que haveria exibição na MTV... portanto, cada detalhe importava. Eu precisava estar atento.

Qualquer dúvida que eu tivesse teria deixado de existir no momento seguinte, quando o Luciano botou o sampler em looping:

Tim, dim, dim, dim...
Tim, dim, dim, dim...
Tim, dim, dim, dim...
Tim, dim, dim, dim...
Tim, dim, dim, dim...

Comecei a cantar, sem batida, sem nada:

Minha condição é sinistra, não posso dar rolé
Não posso ficar de bobeira na pista
Na vida que eu levo eu não posso brincar
Eu carrego uma nove e uma HK

Perfeito. Era aquilo!
Trabalho pronto. Certo?
Mais ou menos.
Do nada, a porta da sala se abriu. No inesperado de uma ventania, um raio e uma fumacinha, me surge Celso Athayde.
— Que po-po-porra é essa aí, Bill?
— Estamos trabalhando no sampler da música.
Celso fechou a cara na hora.
— Aquela letra fo-fo-foda que você me mostrou vai ter essa ba-ba-batida merda?
Respirei fundo. Não ia ser fácil.
— Celso, eu acho que seria melhor... — nem consegui terminar.
— Bota essa porra para to-to-tocar aí de novo! — ele ordenou.
O Luciano, que nunca havia visto o Celso na vida, estalou a boca e apertou o play na maior má vontade.
— Porra! Isso é ruim pra ca-ca-caralho! — Celso sentenciou, exterminando qualquer tentativa.
Olhei para o Luciano com um sorriso amarelo, sem-graça. De branco, o cara ficou vermelho. Estava nitidamente puto. Minha vontade era ficar invisível. Ou botar uma fita crepe na boca do Celso.

Mas provando que a situação ainda poderia piorar, ele completou: — Isso parece uma va-va-valsa! — e jogou a pá de cal: — Tu tá maluco, Bill? Isso é mu-mu-música de bandido, rapá!

Às minhas tentativas de explicação, Celso resmungava com deboche:

— Plim-plim-plim... que plim-plim-plim o quê, rapá! Plim-plim-plim é o caralho!

— Porra, bucha, vai dar um rolé! — implorei, porque nada seria possível com ele ali. — Mais tarde tu volta, pode ser?

Na milésima tentativa, consegui convencê-lo.

Com Celso fora de cena, me resolvi com o Luciano, e a paz voltou a reinar. O beat finalmente saiu. Foi a primeira vez que tive uma batida desenhada totalmente para mim, num trabalho coletivo, onde o Luciano cocriava comigo, sem esperar pelas minhas orientações.

— Bill, vou tirar a caixa aqui e dar um mute na base, que vai ficar um buraco maneirão, vê só!

E ficava.

— Bill, agora volta sua voz aqui na frente que vai dar um efeito foda!

E dava.

De uma forma muito orgânica, o Luciano foi se apropriando da música e construindo junto comigo. O resultado foi um trabalho harmônico, onde voz, base, clima e interpretação casaram perfeitamente.

No horário marcado, Celso voltou ao estúdio. Sabendo que ele atrapalharia o andamento do nosso trabalho, pedi que o segurassem lá fora. O Celso pirou!

— Co-co-como é que é? Eu não posso entrar? Que me-me-merda é essa aqui? — ele gritava enfurecido lá fora.

Mas eu conhecia o meu eleitorado. Deixá-lo entrar era o mesmo que botar dez crianças dentro do estúdio. Não ia rolar. Eu não podia botar tudo a perder, não havia outra opção que não fosse segurá-lo lá fora.

Uma hora depois, quando finalmente o liberamos, Celso entrou com meio metro de bico. Puto dentro das calças.

— Bota essa porra aí! — falou, sem gaguejar nem nada.

Com um misto de deboche e marra, o Luciano apertou o play. O olhar que ele dirigiu ao Celso podia ser lido como "tô pouco me fodendo pra você, irmão". A tensão no ar era tanta, que daria pra cortar com uma tesoura.

Mas a partir do momento em que a nossa música entrou e foi preenchendo a sala, algo mudou. Celso olhou para o teto e, depois de um longo silêncio, começou uma sequência de caralhos e putas que pariu.

— Caralho! Puta que pariu! Ca-ra-lhooo! PUTA QUE PARIU!

Quando a música terminou, ele sacudiu a mão para o Luciano.

— Põe de novo essa po-po-porra aí! — ordenou. — E apaga a luz! Ninguém fala nada! — ele nos avisou, levando o indicador à boca em sinal de silêncio. — Shhh!

Da segunda vez, ele fechou os olhos e ouviu a música sacudindo os braços, como um maestro regendo uma orquestra imaginária. Eu e Luciano prendemos o riso.

Essa cena ainda se repetiu por mais três vezes. Na última, ele mandou chamar o estúdio inteiro. Até a Walkiria largou a recepção para ir ouvir a nossa música.

E para todo mundo, o aviso era o mesmo:

— Silêncio! To-to-todo mundo quieto! — um aviso que eu o ouvi repetir inúmeras vezes mais tarde, em outros lugares, para pessoas como Leandro Lehart e Gabriel, o Pensador.

— Aí, que-que-quero um CD dessa música para eu começar a fa-fa-fazer o meu marketing! — Celso pediu ao Luciano. — Preciso ve-ve-vender a minha mercadoria! — ele disse em tom de brincadeira, mas eu sabia que estava falando muito sério. Era bem assim que ele via as coisas.

Mas nem tudo estava resolvido. Ainda havia um detalhe muito importante: o título da música.

— E aí, qual o nome da música? — Celso questionou, tamborilando os dedos na mesa.

— "A Sociedade me Criou" — respondi de pronto. Eu já havia pensado muito sobre isso e não havia encontrado nada melhor.

— O quê? — Celso perguntou, perplexo.

— "A Sociedade me Criou" — repeti.

— Ah, vai tomar no teu cu, Bill! — ele jogou a cabeça para trás na cadeira. — Uma música pi-pi-pica dessa e tu vai botar um nome merda desse?

— Mas é uma frase da música! — argumentei. — Eu falo no refrão! *A sociedade me criou, mais um marginal...*

— Não! — Celso me interrompeu e olhou para cima. Alguns segundos se passaram, o olhar fixo no teto fazia parecer que alguém lhe soprava no ouvido.

— "Soldado do Morro".

Silêncio no estúdio.

— "Soldado do Morro"! — Celso repetiu, empolgado. — Esse é o nome da música! — ele afirmou, enquanto repetíamos mentalmente nas nossas cabeças. — É "Soldado do Morro" ou não é?

Claro que era.

— Bo-bo-bota aí de novo! — Celso ordenou ao Luciano pela enésima vez.

E por mais sete minutos ouvimos a música, agora sob o título de "Soldado do Morro". Não havia dúvida, era o nome perfeito para a minha letra. Impressionante a minha mediocridade para escolher títulos.

A verdade é que Celso se envolveu muito em todo o processo de criação de "Soldado do Morro". Foi certamente a música para a qual ele mais contribuiu. Para pensar no clipe, sentamos com o Roberto Oliveira, que tinha uma produtora e se interessou em fazer uma parceria. A ideia era gravar um videoclipe sem atores, com os caras do crime de verdade, numa proposta mais realista. Era a primeira vez que eu saía da dramaturgia, da produção de cena, para me lançar em algo mais documental.

— Será? — tive dúvidas.

— A gente tem que co-co-colocar os caras do movimento mesmo! — Celso propôs a novidade. — É para fa-fa-falar a língua do crime, da favela, da cadeia, dos fodidos... To-to-todo mundo vai se sentir soldado do morro! Até a dona Maria vai se achar soldado do morro.

Ao que o Roberto complementou:

— Bill, essa música não é radiofônica. — eu nunca tinha ouvido essa palavra, mas o Roberto explicou que "Soldado do Morro" não tocaria na rádio. E nem no baile. Nem na festa. Ou na TV. — É por isso que você vai precisar de um clipe foda, que chame a atenção, entendeu?

— E nós vamos fazer esse clipe onde? — perguntei, tentando entender o rumo da prosa.

— Isso pode deixar comigo — Celso chamou para si a resposta. — Já tô fazendo uns contatos aí...

Na real, o Celso havia feito parceria com uma produtora de São Paulo, e os caras estavam muito a fim de vir ao Rio gravar em favelas. Três já estavam certas. Mas mais do que chegar filmando nas favelas, a nossa ideia era engajar os caras. Como? Dialogando com os chefes do poder paralelo de cada uma. Explicando a nossa intenção, o porquê de estarmos ali. Para nós, era fundamental que os caras soubessem do que estavam participando e qual a intenção por trás de tudo. A essa altura o meu nome já era bem conhecido e a última coisa que queríamos era o "me filma aqui, Bill!".

— A gente quer que menos jovens encarem a atividade de vocês como forma de ascensão social, tá ligado? — foi o nosso papo-reto para o chefe da favela.

Armado até os dentes, o chefe olhou bem na minha cara, coçou o queixo e questionou:

— Tá, mas como é que você vai fazer com o rosto dos moleques? — o chefe era um cara muito meticuloso.

— A gente pode cobrir com uma camisa — pensei rápido. Na real, a gente não tinha pensado sobre esse detalhe e, tempos depois, descobrimos que nem era a melhor solução, pois a máscara desqualifica o trabalho, já que qualquer um pode estar ali, atrás da camisa, até alguém da produção.

O fato é que levava um tempo para desenrolar com os caras, mostrar a música, fazer uma social, conhecer a galera, criar vínculos... Chegávamos sempre no início da tarde, quando a favela começava a acordar, e só começávamos a gravar à noite. Mas a gente tinha muita confiança no nosso objetivo. Firmeza e propósito sempre foram bons pontos de partida.

— Beleza. A gente tá dentro! — afirmou o chefe. — Acho importante dar esse papo-reto mesmo.

— Por quê? — fiquei curioso para saber.

— Ah, tem muito maluco aí de bobeira, fazendo uma leitura errada da nossa vida no crime. Vendo de forma glamourosa o que pra gente é sobrevivência.

Engana-se quem pensa que os caras não sabem da real.

O chefe continuou:

— Minha favela aqui tá fechada com vocês — ele apertou a nossa mão. — E eu vou desenrolar com outros morros para vocês fazerem o bagulho de vocês em outros lugares também. É importante todo mundo saber que tem menor espalhado no movimento em tudo que é canto. — Ele se prontificou antes de botar o preço, porque, claro, tudo na vida tem um preço. — Só tem uma parada! Eu tenho uma condição!

— Fala aí.

— Vocês têm que trazer um time de basquete pra jogar contra mim aqui na favela. — por um momento achei que era brincadeira, mas era sério. — Eu me amarro em basquete, tá ligado? Não perco uma partida do Chicago Bulls.

Eu ri internamente. Foi a proposta mais inusitada que já recebi, a abertura da favela em troca de uma partida de basquete com os caras. Mas, beleza, a gente estava no lucro.

E estava mesmo. Porque quando o jogo finalmente saiu, um fato ficou evidente: o chefe não jogava porra nenhuma. Ele escalou os caras da boca e escolheu todo mundo pelo tamanho, como se só a altura determinasse no basquete. Moral da história: um monte de brutamontes, correndo a quadra toda com a bola na mão, em total desconhecimento às regras do basquete. Quando a bola chegava no chefe, ele começava a quicar, passando entre as pernas, numa habilidade para Magic Johnson nenhum botar defeito. Ninguém se arriscava a tomar a bola dele — óbvio, todo mundo tinha juízo. Ele gritava: "Vem em mim! Vem em mim!". Mas ninguém ia. As pessoas fingiam que estavam marcando, mas a galera esperava ele errar para pegar a bola. O nosso time era, basicamente, a galera da CUFA e do basquete de rua, que, tempos depois, viraria a LIIBRA – Liga Internacional de Basquete de Rua.

A gente cumpriu o combinado.

Mas os caras tomaram uma coça.

Acesse mais informações sobre o capítulo escaneando ao lado ou acessando o link:

https://youtu.be/ju0VVR7WpAk

CAPÍTULO 12
SOLDADO DO MORRO – PARTE II

Na edição do videoclipe *Soldado do Morro*, um fato que já percebíamos nas filmagens se colocou para nós: os intervalos eram muito mais produtivos que as gravações. Quando ouviam o "Gravando!", os caras vestiam a atitude de bandido, apontavam o fuzil pra câmera, assumindo uma postura ameaçadora, criminosa e tal. Nos intervalos, os caras se desarmavam. Literalmente. Encostavam o fuzil na parede, o 762, armas pesadonas. Tiravam as drogas de cena e saíam da posição de combate; afinal, não havia guerra com ninguém. O papo rolava e os caras agiam naturalmente. Tinham sonhos, histórias, posicionamentos políticos. Uns tinham talento para a música, outros sabiam contar piadas, alguns entendiam de futebol, muitos já tinham tido uma profissão... Havia pessoas atrás daqueles fuzis.

O convívio nesses morros deixou evidente que o buraco era mais embaixo, e que a gente ainda tinha muito o que falar.

Podia dar merda? Podia.

Mas a sociedade precisava de uma discussão mais embasada sobre o assunto.

E Celso e eu, que sempre fomos chegados a uma quebra de tabu, não iríamos abrir mão de uma boa como essa.

Juntando tudo, introdução, música e cena final, o clipe ficou com onze minutos e caralhada, algo inviável para exibição em TV, mas sabíamos a importância de cada minuto daquele vídeo; cada segundo era importante para dar vida aos versos.

Antes de mandar para a MTV, Celso fez questão de mostrar o clipe a alguns de seus chegados. Levou o clipe para o Caetano Veloso assistir, exibiu para um grupo de amigos da imprensa, apresentou no presídio, mostrou até para o Marcelo Yuka, pouco tempo depois do acidente — essa, aliás, foi a única vez que o acompanhei.

O fato é que esse movimento do Celso fez o clipe explodir antes mesmo do lançamento. Uma reportagem no *Segundo Caderno* do jornal *O Globo* informou que tínhamos filmado com jovens do tráfico, e isso aumentou o alvoroço em torno do clipe. Todo mundo queria assistir.

Era dezembro, verão, clima de festa. Decidimos fazer um evento de lançamento para o clipe de *Soldado do Morro* na Cidade de Deus, na noite de Natal, lá no campinho dos Apês. Celso conseguiu toda a estrutura. Palco, som, um telão gigante para a exibição do clipe. E, para abrilhantar a festa, só gente boa. Eu mesmo liguei para convidar um por um.

— Alô! Caetano?

— É ele.

— Opa! Aqui é o Bill! Tudo certo? Queria te convidar para a festa de exibição do meu clipe, *Soldado do Morro*, aqui na Cidade de Deus.

— Bacana! Será que eu poderia levar um amigo?

— Claro! Que amigo?

— É Djavan.

"Puta que pariu!" – exclamei internamente.

— Você diz Djavan, Djavan mesmo?

— Sim. Eu queria levar Djavan para fazer essa festa linda com a gente.

Foi muita onda!

Numa só noite tivemos Caetano Veloso, Djavan, Dudu Nobre e Cidade Negra. A CDD tremeu!

Quando Caetano Veloso cantou "Sozinho" sob o coro da favela, sério, deu vontade de chorar. O próprio Caetano ficou impressionado. O Djavan cantando no violão, o Dudu Nobre levantando a favela, e o reggae do Cidade Negra sacudindo geral foi impagável. A injeção de ânimo ficou por conta do Marcio Libar, como mestre de cerimônia. Vestido de palhaço, ele deixou as verdades engraçadas. E se tem uma coisa que a favela sabe fazer é rir de si mesma. Foi bonito pra caralho! As janelas cheias pareciam camarotes, repórteres que eu só via na tevê entrevistando a galera. Durante a exibição do clipe, todos os olhares atentos ao telão. Na minha cabeça, passou um filme. Lembrei dos riscos que corri durante as gravações nos morros, a gente enfrentando tiroteio com os equipamentos de filmagem que facilmente poderiam ser confundidos com armas. Lembrei de mim escrevendo a música na janela enquanto minha mãe achava que eu era maluco. Lembrei do Geração Futuro, dos meus primeiros bailes... Em flashes vi passar todo o trajeto percorrido. Foi uma catarse. Senti os olhos marejarem. Deve ser essa porra que as pessoas chamam de felicidade.

A exibição do clipe foi o ponto alto da festa. A cena em que o menino com armas de brinquedo sobe a laje e se transforma num bandido, já adulto, com um fuzil de verdade, foi um soco no estômago da favela, careca de ver essas transformações na vida real. O menino era um sobrinho do Celso, que, segundo ele, se parecia comigo porque tinha cabeça de ovo igual a mim, e a ideia de fazer a passagem de tempo entre o menino e eu arrancou aplausos. Que bom e que triste, ao mesmo tempo! Hoje, a gente sabe que a mensagem de esperança que tentamos passar ao fim do clipe, com a exibição das crianças, não passou de uma fantasia. A grande maioria daqueles meninos já não está mais por aqui. Quase todos morreram vítimas da violência, do crime ou da falta de dignidade das políticas de combate ao tráfico, que põem na mesma balança criminosos, crianças, pretos e favelados. Essa é a real da favela. A galera respondeu com gritos, palmas e assobios. Por mais que o clipe pudesse passar na MTV e o caralho, por mais que eu recebesse indicação a prêmios, a favela aprovar era outra parada. Essencial.

Depois da exibição, foi a minha vez de subir ao palco e fazer um som. Eu estava em êxtase! Coloquei meus sobrinhos no palco e na hora de tocar "Soldado do Morro", chamei todos os convidados para o palco, foi maneiro ver o Caetano cantando uns pedacinhos do refrão do meu rap, Djavan balançando a cabeça, Celso vibrando... Só alegria!

Aquela noite eu fui dormir leve.

Na manhã seguinte, abri os olhos e fui correndo ver a TV, doido para ver a repercussão do evento na cobertura da Globo. Foi ligar a televisão e sentir a alegria evaporar. Impressionante a rapidez com que se pode ir do céu ao inferno. Dos 11 minutos de clipe, a Globo exibiu 8 segundos, com a seguinte chamada: *Em evento na favela, o rapper MV Bill faz apologia ao crime*. Nem se deram ao trabalho de mudar o texto, pois essa mesma chamada eu vi no *Bom dia Rio*, *RJ TV*, *Jornal Hoje*, *Jornal Nacional*... No *Jornal da Noite*, o William Waack jogou a pá de cal, falando qualquer coisa mais ou menos como: "no passado, jovens se reuniam em torno de um ideal embalados por sexo, drogas e rock and roll. Por aqui, a combinação de drogas, armas e música ruim é simplesmente um caso de polícia". Na visão dele, coisa de preto, é claro, como pude eternizar, anos depois, na letra de "Poesia Acústica 4 – Todo Mundo Odeia Acústico".

O fato é que, infelizmente, não havia outra emissora na festa, e o que a Globo disse se tornou verdade. Tão verdade que, dias depois, a intimação chegou lá em casa. A DRE — Delegacia de Repressão a Entorpecentes — queria me ouvir; fui indiciado por apologia ao crime. Acompanhado por um advogado pica, o Dr. Arthur Lavigne, encarei a fome dos jornalistas que se amontoavam na porta da Delegacia. Todo mundo querendo me jantar. Mas eu havia passado a vida vendo (*vendo* mesmo, nada de ler em inglês) revista americana de rap, os meus maiores ídolos já haviam sido presos. Encarei o fato com a maior naturalidade. De alguma forma, eu já conhecia o rito.

Ao fim do depoimento, o delegado olhou bem no meu olho:

— Posso te dar um conselho?

Balancei a cabeça em sinal positivo.

— Quando sair daqui, não dá muito papo para a imprensa não. Eles vão falar o que quiserem, independentemente do que você explicar.

Foi dos melhores conselhos que já recebi na vida. Mas eu só me dei conta no dia seguinte, ao ler as manchetes dos principais jornais do Rio. Quase todas informavam: *Delegado afirma que MV Bill será preso*.

Ninguém contextualizou a frase do cara, que, na real, foi "se ficar provado que o MV Bill praticou algum crime, ele será preso". Claro que não! Responsabilidade para quê?

É foda quando o nosso barulho incomoda.

A sorte é que eu sempre confiei na vida.

Quando o ano virou, o Afroreggae nos convidou para um evento do *Rock in Rio*, que ia rolar na Rocinha. Celso ficou sabendo que o José Gregori, na época Ministro da Justiça, ia estar presente.

— É a no-no-nossa chance! — afirmou o Celso, negociando com o Afroreggae a exibição do clipe *Soldado do Morro* no evento.

No dia marcado, com tantas autoridades presentes, lá fomos nós dar a cara à tapa.

Alguém do Afroreggae falava na tribuna sobre os números de violência nas favelas quando, de repente, o assunto virou o clipe *Soldado do Morro*. Ao informar sobre a exibição do clipe, um frisson tomou a plateia. Todo mundo pego de surpresa, inclusive o Ministro.

No silêncio absoluto, as luzes se apagaram, e o videoclipe entrou na tela.

Ao fim da exibição, os jornalistas, sempre famintos, foram pra cima do Ministro.

— E aí, Ministro? Qual sua opinião sobre o clipe? — um microfone perguntou.

— É crime ou não é, Ministro? — um outro quis saber.

Assisti a toda a cena como um recém-condenado no banco dos réus. Da resposta do Ministro viria a minha sentença. Não havia nada que eu pudesse fazer.

Ele limpou a garganta antes de se pronunciar:

— Olha, eu acho que aí não tem crime nenhum — afirmou, e eu senti a injeção de adrenalina disparar na minha corrente sanguínea. — Eu acho que isso aí é uma sujeira que a nossa sociedade tenta varrer para debaixo do tapete. Esse videoclipe só expõe aquilo que a gente precisa combater. Ao meu ver, esse clipe presta um serviço à sociedade.

Imediatamente todos os olhares, lentes e microfones se viraram para mim. De bandido fui a herói, mas, claro, o estigma da marginalidade nunca deixou de me perseguir. Graças à imprensa, que continuou cuidando para que o tom pejorativo estivesse sempre colado à minha imagem.

Tranquilo. De boa.

Na sequência, o juiz Ciro Darlan, aquele que mandava e desmandava, que arrumava caô com vários diretores de novelas, endossou:

— Isso não é crime coisa nenhuma! Até quando a sociedade vai fingir que a favela não existe?

Porteira aberta, outras vozes engrossaram o nosso coro. Gente como Luiz Eduardo Soares e outros intelectuais que fortaleceram o movimento. Pessoas a quem tenho muito respeito e que segui agradecendo Brasil afora, onde estive apresentando *Soldado do Morro*.

Quando a música se tornou um sucesso e a poeira baixou, nós voltamos à favela do Cuca e, conforme prometido, fizemos a exibição do clipe. A favela foi ao delírio. Mas o chefe deu um papo-reto:

— Aí, o bagulho de vocês é muito foda — ele validou. — Mas vocês não podem só ficar nisso não.

— Como assim?

— Vocês têm que dar mais um passo.

— Qual?

— Vocês têm que botar os moleques para falar. Tem moleque com muita coisa, muita ideia. A sociedade tem que ver que, se o crime tá abraçando aqui, porra, eles poderiam abraçar antes, abraçar o moleque que sabe desenhar, jogar futebol, fazer esporte… antes de chegar aqui, tá ligado? Eles precisam saber que o desprezo deles tá virando uma fábrica de monstros.

O Cuca devia ter algum diploma de Sociologia ou qualquer coisa assim.

— Eu ajudo vocês a fazerem os primeiros contatos — ele se prontificou em viabilizar, o que para nós era uma ajuda e tanto.

Ali mesmo já começamos a articular as primeiras entrevistas.

E assim foi. Quando nos demos conta, já estávamos entrevistando jovens do tráfico no Brasil inteiro. Um projeto que chamamos de *Falcão, Meninos do Tráfico*.

Acesse mais informações sobre o capítulo escaneando ao lado ou acessando o link:
https://youtu.be/5dN3BdlYnTM

CAPÍTULO 13
FREE JAZZ

Se havia um lugar onde eu nunca imaginei cantar, fosse pelo meu público, fosse pelo meu contexto social, era o *Free Jazz*. No entanto, quando ainda gravava *Soldado do Morro*, recebi o convite para tocar no Festival.

O *Free Jazz Festival* era promovido pela marca de cigarros Free, numa época em que ainda era permitido fazer propaganda desse tipo de produto.

O festival era aclamado por trazer sempre grandes nomes do jazz clássico, jazz moderno, jazz contemporâneo e jazz rap, fusão que vinha num crescente na cena norte-americana, com nomes como US3, Digable Planets, Pharcyde, Guru, dentre tantos outros... Uma onda internacional que, acredito, tenha embasado o meu convite para participar do festival aqui no Brasil.

Detalhe 1: no palco principal.

Detalhe 2: eu era o único artista brasileiro a tocar no *main stage*.

Surpresa maior que essa só mesmo quando liguei a televisão, no quarto do Hotel Sheraton, onde eu e toda a banda fomos hospedados para nos preparar para a apresentação, e assisti ao repórter perguntar ao público sobre o show mais aguardado da noite. Muita gente na expectativa dos artistas internacionais, é claro. Até que, entrevistada, a cantora Marina Lima respondeu: "MV Bill". Eu sequer podia imaginar que ela soubesse da minha existência, quando Marina complementou: "Vim ver esse rapper novo aí!".

"Caralho, mano!", pensei, sentindo a responsa.

Havíamos montado uma banda pesada, formada só por pretos, a maioria de favelas, com baixo, bateria, guitarra, percussão, naipe de metais, DJ e backing vocals. O meu show abria o The Roots, numa noite que ainda contava com Eagle Eye Cherry.

Àquela altura, eu ainda não tinha o clipe de *Soldado do Morro*, a música sequer tinha sido lançada, mas uma coisa eu soube desde o primeiro momento do convite: "Soldado do Morro" entraria no set do meu show no *Free Jazz*. Naquele período, em 1999, o Brasil discutia o desarmamento e a necessidade de uma cultura de paz a partir da relação direta entre desenvolvimento social e a proibição das armas.

Foi o Celso quem se ligou:

— Bill, nós so-so-somos os únicos pretos dessa porra. A gente tá no palco principal, num mo-mo-momento em que todo mundo discute o desarmamento. Mas nego só pergunta pros brancos, no asfalto, ninguém quer sa-sa-saber o que a favela acha do desarmamento. E a favela é a favor, porra! Bo-bo-bora fazer um ato pela paz nesse bagulho?

Cocei o queixo, meio sem entender. Celso continuou:

— Eu acho que vo-vo-você tem que entrar no palco com uma pistola na cintura.

— Na cintura? — repeti, para me certificar do tamanho da encrenca que eu estava prestes a me meter.

— É. Na cintura. Tapada — ele esclareceu, didaticamente. — Você faz o show com ela na cintura, tá ligado? Quando for cantar "Soldado do Morro" você faz uma fala e tira a camisa. No final da música, um bu-bu-bucha da banda entra com uma toalha branca, daí você entrega a pistola, e a banda toda faz o sinal da paz.

Celso pensou melhor. — Não, não. A banda toda tira a camisa e faz o sinal da paz.

E assim foi.

Montamos um discurso que fazia menção ao tricampeonato do Brasil na Copa do Mundo e, quando chegou a hora, entrei no palco. Toquei "À Noite" e "Traficando Informação" com a banda lá em cima. Showzão! Depois toquei "De Homem pra Homem". A galera chegando junto e esquentando, então parei o show e falei da importância de cuidar dos nossos jovens. Fiz uma alusão ao discurso do Pelé, ao dedicar a Taça às crianças do país, e avisei ali que contaria mais uma história do Brasil.

Ao final, falei: — Soldado do Morro!

Tirei a camisa, e a pistola reluziu.

Quando os primeiros acordes de "Soldado do Morro" entoaram, blim, blim, blim, blim... a galera paralisou. Todo mundo entrou em transe. Quem não estava prestando atenção, já não conseguia desgrudar os olhos do palco.

A banda seguiu à risca o combinado: todo mundo sem camisa. Ao fim do som, tirei a pistola da cintura e coloquei sobre a toalha branca que o Biguli, o percursionista, me trouxe.

O público pirou: *Mais um! Mais um!* Saímos do palco ovacionados.

Mas é claro que, no dia seguinte, a conta chegou... E aí, era apologia ou não era? A arma do Bill era de verdade ou de mentira? Não se falou em outra coisa. Políticos moralistas me detonaram, a bancada religiosa me excomungou, até para o *Free Jazz* sobraram críticas. A todas as perguntas, dei a mesma resposta: "O discurso era de verdade e é isso que importa".

Sem nenhuma intenção, a minha tentativa de aplacar a polêmica gerou ainda mais confusão. Na real, as minhas respostas não importavam, a questão toda estava nas perguntas. A sociedade não entendia que falar de um assunto não era necessariamente defendê-lo. E que calar, *isso sim,* era uma grande apologia.

Foda-se. Se não era pra provocar ninguém, qual o sentido de cantar rap?

Só que o *Free Jazz* tinha duas edições, uma no Rio, transmitida pelo Multishow, e outra em São Paulo, alguns dias depois.

Passamos a semana toda saindo nos jornais cariocas. Minha mãe ficou muito preocupada, chegou a falar comigo, mas já estávamos decididos a repetir a apresentação em São Paulo.

Chegamos no aeroporto da capital paulista num clima de tensão. A produção do festival, preocupada com as polêmicas, nos desviou dos jornalistas e fomos direto para o Maksud Plaza, de onde só saímos para o show.

É claro que quando botei os pés no Jóquei Club, o local do show, a polícia já estava me esperando.

— Taquipariu! — a produtora do *Free Jazz* botou a mão na cabeça. — Se a polícia proibir o show aqui em São Paulo a gente tá ferrado!

No silêncio que antecede o pânico, foi o Celso quem deu a solução:

— Calma! De-de-deixa que eu resolvo!

É claro que ele ia resolver. Só que do jeito dele. Eu, os caras da banda, as minas da produção do *Free Jazz* não acreditamos quando vimos o Celso entrando no camarim acompanhado do delegado e de dois policiais.

— Bebe um ne-ne-negocinho aí, seu Delegado? — ele abriu o frigobar, cheio das malandragens. — Como é que eu posso ajudar o senhor?

O Delegado amarrou a cara. Atrás dele, dois policiais com os braços cruzados e a mesma cara de poucos amigos. Parecia uma liga de super-heróis infantis.

— A gente tem uma denúncia de que vocês estão portando uma arma de fogo e que pretendem usar no show desta noite.

Gelei.

A arma estava na minha cintura.

Com uma cara de pau surpreendente, Celso olhou para nós, depois para os policiais, depois para nós novamente e botou a mão no peito, da forma mais afetada possível.

— Arma? Foi isso mesmo que o senhor disse, seu Delegado?

— Positivo — o homem assentiu, com o peito estufado.

Celso então baixou a cabeça, caminhou até o sofá onde estava a sua mochila, abriu o zíper e enfiou a mão lá dentro, como se procurasse alguma coisa. Nós e os policiais assistimos atentamente a toda a ação. Que merda Celso estava arranjando?

— Seu Delegado, o senhor chama isso aqui de arma de fogo? — Celso perguntou, sacando da mochila uma arma de plástico, que disparava jatos d'água.

Uma arma pequena, que cabia na palma da mão, e verde. Não um verde-escuro ou um verde-militar. Era verde-fluorescente. Uma arminha ridiculamente verde.

O Delegado olhou para a cara dos policiais sem entender nada. Ligeiramente constrangido, pegou a arminha das mãos do Celso e analisou o brinquedo de perto.

— Essa é a arma que vocês usam no show?

— Essa mesma, seu Delegado.

Em segundos, vimos a altivez dos policiais se transformar em constrangimento. A vergonha alheia foi tanta que até nós ficamos sem graça.

— Puta que pariu! Os caras pensam que eu não tenho mais o que fazer lá na repartição! — o Delegado cochichou com os policiais, mas todos nós ouvimos. — Apreender arma de brinquedo! Olha só o que os caras do Rio de Janeiro me botam pra fazer...

Muito sem-graça, os policiais balançaram a cabeça e trocaram um sorriso amarelo. Mas o Delegado não podia se dar por vencido tão facilmente, é claro.

— Então, é essa a arma que vocês usam no show? — perguntou mais uma vez, diretamente ao Celso, rodando a arminha no dedo indicador.

— É e-e-essa aí sim, Doutor.

O Delegado deu uma respirada, e eu senti a pistola gelar um pouco mais na minha cintura. "É agora que ele vai pedir para revistar todo mundo nessa porra", pensei.

— Tem certeza? — ele insistiu. A essa altura eu já não respirava mais.

— Absoluta, seu Delegado — Celso garantiu. — Se quiser, o senhor pode ficar para ver o show.

Fodeu. O Celso pirou.

Houve uma troca de olhares entre os policiais.

— Mas eu acho que hip-hop não é bem o estilo de vocês, né? — Celso complementou. — Bom, se quiserem, estão convidados.

O Delegado deu um passo à frente.

— Não, não. A gente vai indo — o Delegado afirmou, entregando a arminha verde na palma da mão do Celso.

Depois saiu porta afora, acompanhado dos outros dois. Acho que cada um de nós contou dez segundos na cabeça antes de respirar de novo.

Quando consegui visualizar os policiais entrando no carro, disparei:

— Que porra foi essa, Celso?

Celso riu pra caralho. Riu tanto que precisou se amparar no sofá. Todos nós rimos. Rimos de doer a barriga.

Na palma da mão, a arminha verde conseguia ser ainda mais engraçada.

Puta que pariu! Celso é maluco!

— Tá-tá-tá tudo certo! Bora pro palco! — ele gritou.

Para o público paulista, apresentamos o show exatamente como no Rio: arma na cintura, discurso sem camisa e sinal da paz. No dia seguinte, tudo de novo, obviamente. Chuva de críticas. Todo mundo só queria saber da arma. E falavam como se fosse a mesma. Nem era. No Rio foi uma arma e, em São Paulo, outra.

Para os que ainda desejam saber se a arma era de verdade ou de mentira, revelo:

O discurso era de verdade, isso é o que importa.

Acesse mais informações sobre o capítulo escaneando ao lado ou acessando o link:

https://youtu.be/RIYA92qpfwg

CAPÍTULO 14
KMILA CDD

Lá em casa éramos em três irmãos — além dos outros tantos que meu pai espalhou pela CDD.

O fato é que eu nunca tive um irmão homem em casa e sempre admirei, nos filmes a que assistia, aquela clássica cena do irmão mais velho ensinando tudo ao mais novo, como um mestre que passa seu conhecimento ao discípulo, para que este dê continuidade ao legado. Era mais ou menos isso que eu tentava fazer com a minha irmã Camila.

Desde muito pequena, eu brincava com ela de improvisar no rap, criando batalhas de rima fácil e lúdica. Minha irmã do meio, Cristina, adorava sacanear.

— Vocês são malucos mesmo! — dizia, com deboche, quando passava pela sala e nos via improvisando.

A gente nem ligava. Era tudo tão divertido! Principalmente quando estava calor e a gente podia cantar próximo às hélices do ventilador, dando um efeito de microfonagem.

— Eu gosto de andar de busão, comendo o meu prato de arroz com feijão! — a gente se escangalhava de rir, ao som das batidas instrumentais dos discos que eu comprava lá na Galeria Vinte e Quatro de Maio, em São Paulo.

Minha ideia era mostrar à Camila que ela também conseguia fazer um som. E minha irmã correspondia à altura, interessando-se pelo meu universo — ou pelo menos parecendo interessar-se. Ela prestava atenção em tudo o que eu fazia. Quando eu assistia aos clipes do Thaíde, Camila colava em mim, queria saber quem era, de onde vinha, o que cantava... Quando eu botava um vinil, ela se sentava do meu lado. Talvez não tivesse a menor compreensão do que eu falava, mas para mim era também uma forma de conversar com alguém sobre rap, porque lá em casa ninguém dava a mínima para o que eu fazia.

Então, aconteceu o óbvio. Numa das apresentações do Geração Futuro, lá na quadra do Coroado, eu olhei para baixo e vi Camila empolgadona, curtindo o show na beira do palco. Por impulso, levei o microfone até ela, e a pirralha mandou bem pra caralho. Geral curtiu. No meio das palmas, tive uma certeza: eu precisava da minha irmã no palco. A galera do Geração também sacou, o talento dela como intérprete era evidente. Isso era uma parada difícil de encontrar até entre os rappers mais experientes, o que, aliás, me incomodava bastante. Muitas vezes eu escrevia as letras, dava para os caras cantarem, e nem sempre rolava. Cantar a letra de outro MC não é para qualquer um. O próprio Adão, cascudo no rap, levava um tempo para achar o jeito, se encaixar nas palavras... E a minha irmã, uma criança, cantou com propriedade cada palavra da música. Coisa de dom mesmo, talento que ninguém explica.

Então, quando organizamos o evento *SOS Consciência*, criamos uma letra chamada "Salve Essa Criança", especialmente para ela cantar. Das minhas idas a São Paulo, trouxe uma batida que se encaixava à voz dela, um beat do lendário DJ Cuca.

Metemos um boné no cabelo de escovinha da Camila e, por falta de uma ideia melhor, a chamamos de MC Mi, já que Camila nunca teve apelido.

— E agora com vocês, MC Mi! — o Gilmar a anunciou, no fim de tarde.

Da escadinha atrás do palco, minha irmã me olhou insegura, como quem diz: "Posso ir?". Eu balancei a cabeça, e ela foi. E arrebentou. No refrão, cantava cheia de atitude:

Salve essa criança! Ela é nossa esperança!

Camila roubou a cena. Era fácil pra ela. Nós já brincávamos de rap em casa. Em cima do palco, ela só tornou pública aquela nossa brincadeira. Só que fazer isso aos 10 anos de idade, em 1992, era muito improvável. Era irreverência pura.

E eu não estava de bobeira. Estrategicamente, deixei Camila com duas músicas ensaiadas. Se na apresentação solo ela sacudisse a galera, eu sabia que poderia trazê-la de volta no meu show, antes do Gabriel, o Pensador, que seria o auge da festa.

A música era "Pare de Babar", que a gente gravou no disco *Traficando Informação,* e eu escrevi uma parte especialmente para ela. A letra falava da mulher preta que se iludia com um playboy. Só que eu não tinha a menor noção da força das palavras que eu punha na boca da minha irmã mais nova. Totalmente sem-noção.

Mas quando Camila voltou ao palco com o meu blusão, cinco números maior que seu corpinho infantil, a galera pirou.

E você mulher negra que com o playboy se engana, ele só quer saber se você é boa de cama.

Camila cantava cheia de gestos e atitudes. A galera enlouqueceu.

A apresentação do Geração Futuro foi um sucesso, mas não tanto por mim e pelo Adão. Foi a Camila, ou melhor a MC Mi, quem fez a casa cair.

Pela segunda vez naquela noite.

O pessoal do Movimento Negro ficou alucinado. Quem é essa menina? Todo mundo queria saber.

Depois dessa experiência, Camila se empolgou. Minha mãe, que achava que tinha um filho maluco perdido no rap, agora tinha dois perdidos dentro de casa. Em compensação, ela via que quando Camila estava comigo, não estava fazendo merda. Estava fazendo maluquice, mas aí já era outra coisa.

Veio então a *Festa do Circo Voador*, todas as bandas da coletânea *Tiro Inicial* foram convidadas para fazer um show. Camila já tinha passado pelo teste na CDD, eu sabia que ia arrebentar no Circo. Percebemos que o nome MC Mi tinha um apelo muito infantil, então trocamos por Kmila CDD — sugestão dela mesma, para assumir uma versão mais adulta. Mas ainda havia uma questão: como levar uma menor de idade para o Circo Voador?

— Não sei. Mas vamos dar um jeito — o Adão garantiu, sem nenhum plano em mente.

— O foda é que nem roupa ela tem — comentei, preocupado.

— Ah, de repente eu posso pegar umas roupas que eu tenho lá em casa, que eu mandei fazer e ficaram curtas... de repente a gente coloca nela e fica maneiro.

Antes que eu pudesse concordar, Adão apareceu lá em casa com uma blusa de futebol americano num tamanho menor. Só que era menor para ele. Para a Camila era gigante. Ele também trouxe uma bermuda que mandou apertar no costureiro.

— Olha só, Camila, a gente vai te levar para cantar num show. Deve rolar uma pratinha! — avisei.

Camila gostou, adorava um faz-me-rir. Quem não gosta?

— Eu quero ir! — ela garantiu, toda empolgada.

— Só tem uma coisa! — negociei. — Você tem que botar essa roupa aqui.

Foi bater o olho na roupa e dar pra trás.

— Mas isso é roupa de menino!

— Né não. Experimenta lá! — Adão e eu forçamos a barra.

Camila pegou a muda de roupa e foi para o banheiro. Quando saiu, parecia um rapper anão. Eu e Adão prendemos o riso.

— Como é que ficou, Alex?

— Maneirão. Agora põe o boné e vamos!

Camila era criança, mas não era boba. Estava começando a virar mocinha. A roupa masculina a deixou extremamente incomodada. Ela foi o caminho todo reclamando no nosso ouvido.

— Não tô gostando dessa roupa. Tô parecendo um menino, poxa!

De fato, quem nos visse de longe poderia jurar que éramos três caras. E a situação piorou muito quando essa realidade veio à tona e Camila percebeu. Foi na entrada de artistas do Circo Voador. O segurança disparou:

— *Ele* não vai entrar porque *ele* é de menor!

Olhei pra Camila, ela estava desconcertada.

— Mas ele faz parte do grupo! — precisei argumentar.

Camila me voltou um olhar indignado.

— Ele é de menor, eu tô vendo, porra! — o segurança insistiu.

— Ele não é de menor não. *Ele* só é baixinho! — Adão atenuou. Ou quase...

Claramente magoada, Camila tentava explicar que era, na verdade, uma menina. Eu, mais rápido, abafei. No meio da nossa discussão, ninguém a ouviu. Para ela, ser de menor não tinha problema. Mas parecer um menino era uma catástrofe.

Felizmente, alguém da produção apareceu para liberar a entrada dela.

Só que, àquela altura, o estrago estava feito. Kmila CDD, chateada, já não queria mais cantar. As meninas do grupo Damas do Rap tentaram acalmá-la, mas foi difícil.

Uma tensão do caralho.

Apesar disso, quando aquele cotoco de gente subiu ao palco, deixando as pessoas na dúvida, "Isso é menino ou menina?", o Circo veio abaixo:

Moto, carro, ou mesmo a pé. Filha da puta do playboy faz o que ele quiser

Kmila CDD cantava essa parte à capela, depois voltava em cima da base.

Foi um sucesso. Chegamos em casa comemorando pra caralho. Ela feliz com o dinheirinho no bolso, eu satisfeito com a repercussão.

Mas para todas as outras oportunidades que surgiram, recebi um sonoro *não* da minha irmãzinha.

Com muito custo, ainda consegui convencê-la a me acompanhar numa festa suspeita em que fui chamado para cantar, lá na Praça Seca, um convite que recebi do inspetor do CIEP Luiz Carlos Prestes. Invadíamos a CIEP toda noite para ensaiar, até sermos descobertos pela Direção — graças ao Teko que grafitou nossos rostos e o nome "Geração Futuro" numa das salas. Para nossa surpresa, fomos convidados para voltar na manhã seguinte e grafitar a escola toda, levando a mensagem do hip-hop aos alunos.

A tal festa era num domingo, havia meia dúzia de gato pingado e, chegando lá com a Kmila CDD — ela vestidinha de menino, eu vestido de rapper —, entendi tratar-se de um evento político, onde pretendiam apresentar um cara como candidato a vereador local. A galera não estava nem aí para o cara, que, como quase todo político, fez um discurso vazio e genérico que envolvia expressões como "manifestação cultural" e "comunidade carente", ou seja, duas coisas que ele não tinha noção do que significavam.

Ainda pensei numa saída pela direita, mas concluí que precisava ser profissional. Eu havia assumido um compromisso, havia prometido a grana à minha irmã. Tinha que ficar. Da próxima vez, eu que fosse mais cauteloso e apurasse melhor os convites.

A primeira música cantei sozinho, a segunda, "Pare de Babar", cantei com Kmila CDD. E ela novamente arrebentou. Ao fim, fizemos a social e na hora de apertar a minha mão, o cara me passou o dinheiro entre os dedos. Uma coisa meio clandestina, que eu sinceramente *preferi*, a ficar ali contando dinheiro.

No fim do evento, o inspetor da escola nos deu carona até em casa. Quando ele embicou para entrar na Cidade de Deus, na rua ao lado do Colégio Afonso Guimaraes, fomos cercados por duas viaturas da Polícia. Uma vindo de dentro para fora, a outra vindo de fora para dentro. Eles nos pararam em frente à Mangueirinha.

— Desce! Desce! — os policiais gritaram apontando suas armas para o nosso carro.

Acostumado com dura, botei a mão para cima e saí avisando:

— Minha irmã tá lá dentro!

Então, eles mandaram a minha irmã sair e a revistaram também. Fizeram Camila levantar a blusa e dar uma volta.

O inspetor da escola arregalou os olhos. Certamente, só conhecia a Polícia no asfalto. Na favela era outra parada.

— Eles são artistas, seu policial! — explicou, em nossa defesa. — Eles cantaram lá na nossa festa!

Naquela época, a gente não era profissional. Nem sabíamos o que era registro de músico. Mas, por sorte, conseguimos passar pela dura. Os policiais haviam tomado uns tiros na favela e estavam atrás dos caras. Rapidamente se convenceram de que não era a gente. Eu, o inspetor e Kmila CDD vestida de menino fomos apenas as pessoas erradas na hora errada.

— Ok. Podem ir! — o PM nos liberou.

Nós voltamos para o carro com o coração na boca, e o inspetor da escola deixou a gente na ponte. De lá, fomos para casa. Minha irmã, impressionada com toda a situação. Em seu mundinho infantil, jamais se imaginou numa situação parecida.

— Você viu, Alex? O policial mandou eu virar!

— Não vamos contar nada disso pra minha mãe, ouviu? — fiz ela prometer. — Ela não vai entender.

Depois disso, ainda consegui arrastar Kmila CDD para a gravação do disco *Traficando Informação*, no Ateliê Estúdio, lá em São Paulo. Mas ela deixou bem claro:

— Olha, Alex, tô indo lá gravar, mas não vou ficar cantando por aí contigo não, tá bom?

E Camila cumpriu com a palavra. Rejeitou solenemente todos os convites para subirmos novamente ao palco. A criança agora era uma pré-adolescente, começava a namorar, ir à praia, gostar de pagode... Camila já não era mais o meu "irmão" mais novo.

O rap lhe soou masculino, numa época em que ela estava descobrindo a feminilidade.

Depois de um hiato que durou dois anos, Camila voltou a me procurar. Nessa época eu estava cantando com a Nega Gizza, que ocupava com excelência a lacuna deixada por ela.

— Vem! Pode vir que o seu lugar tá guardado — garanti. A participação da Nega Gizza era transitória, ela estava gravando o próprio disco e tinha planos de montar uma banda.

— Mas eu vou ter que me vestir de menino? — ainda era a maior preocupação de Camila.

— Não vai dar pra você cantar rap vestida de pagodeira, né Camila? — mandei a real também.

E quando fizemos o *Programa do Faustão*, lembro dela gravando puta da vida.

— O que houve?

— Minhas amigas vão me ver na televisão vestida de homem!

— Porra, Camila, suas amigas vão te ver na televisão! Já pensou nisso?

O primeiro show de volta com Kmila CDD, na Concha Acústica de Salvador, foi pressão total. Um show esperado há tempos, com ingresso barato por causa do projeto *Sua Nota Vale um Show*; era certeza de casa cheia. Cinco mil pessoas. Lotadão! Nesse dia, botei quatro mulheres no palco comigo, sendo duas violinistas, e Nega Gizza e Kmila CDD nos vocais.

Foi foda demais!

Depois do show, Camila e eu fomos curtir a piscina do hotel. Impressionada, ela perguntou:

— Alex, o esquema é sempre esse?

— Na maioria das vezes, sim — respondi, entendendo exatamente o que ela queria saber.

Ela olhou ao redor e depois refletiu:

— Quer dizer então que a gente anda de avião, se hospeda em hotel com piscina, come bem, todo mundo aplaude e eu ainda ganho um dinheiro? — ela se deu conta para ao final concluir: — É lógico que eu quero!

Nós caímos na gargalhada. Camila, deslumbrada com a vida além de CDD. E eu, feliz pra caralho, com a possibilidade de ter minha querida irmã de volta ao meu bonde musical.

As roupas?

Bem, continuaram sendo um problema até encontrarmos o equilíbrio. Mais à frente percebemos, no entanto, que a roupa não fazia a menor diferença. Na real, o que as pessoas queriam mesmo era ver Kmila CDD rimar feroz nos beats.

Numa época em que era raro — para não dizer impossível — ver uma mulher preta como ídolo, Kmila CDD tirava onda. Era maneiro ver outras mulheres se identificarem com a imagem dela, dava um puta orgulho!

Seguramente, Kmila CDD é a maior intérprete de rap do Brasil. Nos últimos tempos, também vem se desenvolvendo como letrista. Escreveu alguns versos do seu EP *Preta Cabulosa*, participou da autoria de músicas como "Um Só Coração", que gravamos com o angolano NGA e o paulistano DJ Caique, e escreveu seu próprio verso no projeto *Favela Vive, parte 4*.

Kmila CDD passou a maior parte da carreira dando voz às minhas composições, que, de certa forma, tinham um pouco dela também. Sua capacidade de se apropriar das letras é tamanha, que há músicas que as pessoas juram ter sido escritas por ela.

Isso faz dela uma MC fodona.

Kmila CDD é muito mais que uma backing vocal, porque conquistou outros espaços. É minha parceira, minha dupla, minha cúmplice, minha comadre, meu sangue.

Minha irmã.

Acesse mais informações sobre o capítulo escaneando ao lado ou acessando o link:

https://youtu.be/NYA1bdMpWgA

CAPÍTULO 15
A INVEJA É FODA

— Vem, vem, vem! — o policial militar gritou na minha direção, logo depois que eu cumprimentei um amigo de infância que passava na porta do meu prédio.

Era meio-dia de uma quarta-feira qualquer. Eu tinha acabado de malhar em casa e tinha um voo para São Paulo marcado às 16h. Estava indo deixar uma grana pra minha mãe e filar a boia na casa dela, porque, no combo de morar sozinho, além das alegrias de botar o som nas alturas e dormir às 6h da manhã, tinha também o perrengue de tomar refrigerante no café da manhã e levar uma dieta à base de miojo e pão de forma. Puxado.

Naquela época, eu tinha uma rotina meio doida, gravava durante a semana e fazia shows às sextas e sábados. Ainda não havia boas opções de estúdios no Rio e muito menos as possibilidades tecnológicas de gravar num estúdio qualquer e depois mandar para alguém mixar e masterizar, via internet. Moral da história: toda semana eu ia a Sampa gravar no estúdio Atelier e voltava nos fins de semana, para me apresentar em festas de rap onde a galera pagava a entrada com notas de R$ 1,00 e eu sempre saía com um tijolo de dinheiro no bolso. Trezentas pratas em notas de R$ 1,00.

Em 2001, as festas de rap eram roots pra caralho.

— Isso é dinheiro de boca, porra? — o policial fez uma pergunta retórica, me revistando com toda a truculência. Detalhe: eu estava sem camisa.

— Não, seu policial — respondi friamente, esperando que a minha calma depusesse ao meu favor. — Eu sou trabalhador. Sou músico.

— Músico é o caralho! — ele gritou, puto da vida, enfiando a mão no outro bolso e encontrando a minha carteira, com a passagem aérea dentro. Uma passagem emitida pela VASP, lembro bem. — Que porra é essa aqui?

— Eu tenho uma gravação hoje à tarde lá em São Paulo, seu policial.

Que arrependimento de ter saído de casa! Por que eu insisti em ir para a rua mesmo tendo ouvido os fogos anunciando a chegada da polícia? Achei que o fato de não ter rolado tiros indicava tranquilidade na favela, mas agora me via na situação de lidar com a arrogância de um policial intransigente.

— Você vem comigo! — ele ordenou, e eu pude ver pequenas terminações vermelhas explodirem no branco de seus olhos. Era um cara muito pilhado.

— O senhor está me prendendo? — questionei, porque a favela tinha regra. Eu não podia ficar dando rolé com um policial assim. Bem verdade que, naquela época, não havia operação policial como hoje em dia, com helicóptero, cachorro, o caralho a quatro. Era um tempo em que os caras corriam da polícia e bastava um policial — com armas muito inferiores às que a polícia tem hoje — para dispersar trinta ou quarenta homens de fuzis numa boca de fumo. Depois que matar policial ganhou status de troféu, os caras pararam de correr e a polícia, óbvio, parou de entrar como entrava. O esquema em vigor hoje é o da troca de tiros e que vença o melhor. Se daí pode sobrar uma bala perdida para a criança no pátio da escola ou para a tia do cuscuz, foda-se. Para os dois lados.

— Cala a boca e vem comigo, porra! — ele gritou, pra lá de alterado.

— Pra onde o senhor tá me levando?

— Tu é cheio de marra, né? — ele falou com certa ironia, baixando um tom na voz de forma ameaçadora. — Vem comigo agora! — ele puxou a pistola e me virou contra ele, para me fazer de escudo, enquanto atravessava a favela, me empurrando com o bico da arma na espinha.

Foi uma cena de filme. A favela toda assistindo. Eu olhava para baixo e o que me dava mais medo era o chão irregular causar algum desequilíbrio que provocasse o disparo acidental — acidental? — da arma.

No pequeno zum-zum-zum que se formava ao redor, ouvi a voz do meu primo Leandro.

— Ei, seu autoridade! — ele chamou, vindo de bicicleta. — Esse aí é meu primo! É morador! É artista!

Tive a impressão de que a palavra "artista" deixou o policial ainda mais puto.

— Artista é o caralho! Cheio de marra esse filha da puta! — resmungou, irritado com sei lá o quê.

Do outro lado da rua, avistei o Gilberto, mestre de bateria do Coroado, que se aproximou com as mãos para trás, exatamente como manda o Código de Conduta da Favela em casos de abordagem policial.

— Boa tarde, seu polícia! — cumprimentou o Gilberto.

— O que foi? Você também é advogado dele? — o policial debochou, dando-me um tranco com a pistola.

— Esse aí é o MV Bill, seu policial! — explicou. — Conheço desde pequeno. Ele é músico.

Àquela altura eu já era bem conhecido. Já tinha músicas estouradas, clipes de sucesso, e havia comprado um apartamento na CDD com o dinheiro do meu cachê no *Free Jazz*. Ainda que o policial não me conhecesse, o Gilberto acabava de informar quem eu era.

Ele deu de ombros.

Finalmente, quando chegamos à viatura policial estacionada ao lado do bloco 10, o policial mais velho que fazia dupla com ele e o aguardava no carro, no melhor estilo Cosme e Damião, me reconheceu na hora.

— Olha esse cara aqui que eu achei! — o policial me empurrou de novo com a pistola.

— Larga ele agora! — o policial mais velho ordenou.

— Veja só o que eu encontrei com ele! — ele mostrou o meu paco de dinheiro e a passagem aérea.

— Larga esse cara, que é problema!

— Mas ele é cheio de marra! Olha aqui o que estava em poder dele! — insistiu.

— Devolve tudo para ele agora, porra! Já falei!

Ele não quis ouvir. O policial mais velho perdeu a paciência. Bateu a porta do carro com toda a força, arrancou tudo da mão dele e me devolveu como quem diz: "Releva, irmão! Sabe como é, maluco novo, não sabe o que faz!"

— Bora! Bora! — o policial mais velho anunciou, voltando para a viatura. — Vamos embora agora!

Muito contrariado, o policial entrou no carro, o ódio transbordando nos olhos.

Abalado pra caralho, peguei minha passagem aérea e enfiei o meu dinheiro no bolso. Agradeci ao Gilberto, falei com o Leandro e caminhei lentamente até a casa da minha mãe. Tentei voltar à minha programação normal. Não contei nada pra ninguém. Nenhum comentário.

— Puxa, Alex, você não comeu nada — minha mãe reclamou.

Eu tinha perdido o apetite.

— Desculpa, mãe. Tô sem fome hoje.

O susto me deixou tão desorientado que esqueci de deixar o dinheiro da minha coroa. Nos dias que se seguiram, já em São Paulo, não consegui pensar em outra coisa. Na sexta, quando entrei no palco no *Conexões Urbanas*, evento fruto da parceria da CUFA com o Afroreggae, para levar grandes shows às favelas do Rio, me deparei com um problema. Eu não tinha voz, estrava rouco, completamente afônico.

Toda vez que eu não extravasava uma situação de estresse, a minha voz sumia, herança genética da minha mãe. Quanto mais eu forçava, menos voz tinha. Precisei pedir à Kmila CDD para fazer a maioria das músicas. Ninguém entendeu nada.

No dia seguinte, liguei para o Celso e contei tudo.

— Co-co-co-como é que vo-vo-v-você não me fa-fa-fa-falou isso antes? — eu nunca tinha visto Celso gaguejar tanto. — Vo-vo-você é uma au-au-au-au-autoridade, porra! Ninguém po-po-pode te tra-tra-tra-tratar assim não. Vo-vo-vo-você está onde?

Em vinte minutos, o Celso chegou à CDD.

— Vamos à Delegacia! — ele avisou assim que parou o carro.

— Fazer o quê?

— Entra aí, pô!

— Melhor não, Celso — respondi.

Mas, a essa altura, ele já tinha feito contato com todos os jornalistas de sua rede. Mandou marcar uma entrevista lá na Cidade de Deus, com a cobertura do *RJ TV*. Eu fiz questão de vestir a mesma roupa que usava no dia da abordagem, uma bermuda apenas, para que todos tivessem noção do zero perigo que eu oferecia a um policial armado naquelas condições. Bastava olhar.

Foi um dos posicionamentos mais serenos que tive na vida. Não dei porrada na polícia, não critiquei ninguém. Com a calma de um monge, contei apenas como me senti, tendo uma arma apontada na coluna por um policial, sem razão nenhuma, o que, infelizmente, é uma realidade comum para qualquer morador de favela.

Ao tomar conhecimento da matéria, a polícia emitiu uma nota que o Jornal fez questão de ler no ar. Basicamente, afirmavam que a polícia era uma instituição democrática, que tratava as pessoas de forma respeitosa, sem nenhuma postura discriminatória, mas o artista em questão, no caso eu, tinha uma índole duvidosa que carecia de credibilidade.

Fiquei puto? Fiquei.

Mas eu tinha me expressado, tinha extravasado, a minha voz já estava de volta. Estava tudo certo.

Mas para o Celso, não.

Ele considerou a posição da polícia uma afronta, ficou cinco vezes mais puto e, no dia seguinte, organizou uma coletiva, convidando ninguém mais ninguém menos que o próprio Comandante da Polícia. A Globo, é claro, enviou uma equipe para entrar ao vivo, lá da CDD. Parecia até batalha de rap: de um lado eu, do outro o Comandante. Ao redor, a favela inteira, que lotava as biroscas e acompanhava tudo pela transmissão da Globo.

Nas palavras do Comandante, a polícia era treinada para proteger o cidadão de bem, de forma que revistar as pessoas era apenas uma de suas atribuições para garantir a segurança da sociedade. Na minha resposta, concordei que, de fato, não havia problema algum em revistar morador de favela. A questão era o olhar preconceituoso, a revista feita na certeza de uma prova, a partir do pressuposto de que todo morador de favela é um fora-da-lei. Aproveitei para dizer que não gostaria de ver o policial que me abordou, que, aliás, tinha a mesma idade que eu, expulso, mas sim reeducado, porque o problema na real não estava nele, mas sim na corporação.

A favela vibrou. Parecia até gol do Flamengo, final da Copa do Mundo. A galera gritava e pulava na frente da televisão. Isso tudo, é claro, desestabilizou o Comandante, que, ao receber a palavra novamente, gaguejou mais que o Celso; se enrolou todo.

O fato é que a corrente de energia que recebi foi muito positiva. Gente da CUFA, do Afroreggae, do Viva Rio, o MC Sapão, MC Geleia, MCs Jack e Chocolate, MC Cidinho... senti falta apenas do povo do rap e do hip-hop. Mas de boa, porque qualquer ausência que eu pudesse sentir foi totalmente preenchida por uma galera muito colorida, de pretos e pretas, cheios de missangas, dreads e franjas que vi surgir na Cidade de Deus. Eu nunca os tinha visto antes. Era o Bando de Teatro Olodum, que estava no Rio para a apresentação da peça *O Cabaré da Raça* e, em solidariedade, foi até lá me dar uma força. Inesquecível o abraço de apoio que recebi deles, muito antes de entrarem na moda palavras como "representatividade" e "empoderamento".

Meses mais tarde, a matéria que botaria o ponto-final dessa minha história sairia no jornal. O policial que me abordara com a pistola fora morto a tiros numa guerra entre milicianos do Recreio.

Ele era o miliciano.

Impressionante como o tempo às vezes esclarece o bagulho todo... às vezes.

Acesse mais informações sobre o capítulo escaneando ao lado ou acessando o link:
https://youtu.be/NOqpbnjeCQ0

CAPÍTULO 16
HIP-HOP NO PLANALTO CENTRAL

Em 2002, a música rap e a cultura hip-hop já estavam nos ouvidos da juventude periférica de todo o Brasil. Não apenas nos ouvidos, mas nas mentes e corações.

A grande pergunta era: "E aí, o que vem depois?". Muitas apostas acreditavam na força do submundo: em lançamentos inusitados (como o álbum do ex-traficante Escadinha, que reuniu importantes grupos para interpretar suas letras); no surgimento da dupla Linha de Frente, que, mais tarde, se transformou no expressivo 509-E; no disco da Nega Gizza, *Na Humildade*; no álbum do RZO, entre outros. Minhas aparições na televisão também contribuíam um bocado para movimentar a cena. Mas, justiça seja feita, boa parte da popularidade do hip-hop deveu-se ao Prêmio Hutuz, cujo maior defeito era estar muito à frente do seu tempo. Era tão vanguarda, tão bem produzido e luxuoso, que não parecia ter sido feito para nós. Muito menos ter sido organizado por pessoas como nós, da favela.

De tão relevante, o Hutuz foi se desdobrando em outros cenários artísticos, como a música (*Hutuz Festival*) e o cinema (*Hutuz Filmes Festival*). Nos vinte e cinco dias que durava o evento, o *Hutuz* tomava o Rio de Janeiro através de intervenções de grafite, basquete e tudo mais que se comunicasse com o universo hip-hop. No palco alternativo do *Hutuz*, vi surgir astros do rap contemporâneo, como Emicida, Marechal e Felipe Ret. O *Hutuz* não foi apenas uma fonte de inspiração, mas uma real possibilidade de transformação.

Numa época em que as gravadoras não tinham espaço para o hip-hop (e quando tinham, era no máximo dois no casting), muitos artistas não tinham como gravar seus discos se não fosse via "pai-trocínio". Essa galera via no *Hutuz* a chance real de se lançar e dar visibilidade ao seu trabalho, sem precisar vender o carro velho da família ou passar uma rifa na vizinhança.

Por tudo isso, o *Hutuz* foi a maior celebração coletiva da cultura hip-hop que a sociedade já viu. Todas as tribos do país reunidas, dançando, pintando, cantando ou tocando. Pelo tapete literalmente vermelho do *Hutuz*, passaram lendas internacionais como Mos Def, Public Enemy, Dead Prez, Fab 5 Freddy, e todos os grupos nacionais. Absolutamente todos.

Meu parceiro Celso Athayde era o idealizador do festival e de uma porrada de coisas que eu jamais teria participado se não fossem suas ideias ousadas.

Porra louca total!

Pensava uma parada, ia lá e fazia. Fazia não. Faz. Até hoje. É assim com a *Taça das Favelas*, *F Holding* e outros tantos projetos. Celso tornou-se especialista em realizar o que não conhece, como quem alça voo para depois, em pleno ar, construir a aeronave. Já sofreu muitas turbulências, mas até hoje nenhum avião caiu.

Em 2003, Celso chamou a Nega Gizza e eu para uma reunião com a equipe de marketing da empresa de telefonia Oi. Como eu já havia feito um comercial para a Telemar, empresa do mesmo grupo empresarial, minha imagem era conhecida por lá.

No elevador todo espelhado do imponente prédio no Leblon, Celso deu as coordenadas: "Vocês não precisam falar nada". A missão era vender o *Hutuz* e, claro, confirmar todas as histórias do Celso, fossem elas verdadeiras ou não.

Nós levamos mais tempo para chegar ao Leblon do que fazendo figuração na reunião. Foram vinte minutos contados no relógio, antes de sairmos praticamente expulsos, depois de uma discussão surreal onde o Celso tentou convencer os caras que hip-hop era cultura e merecia apoio, enquanto, do outro lado, o bambambã do marketing da empresa, com um tom nojentamente educado, afirmava que só apoiava projetos de cultura.

Foi um puta exercício de paciência ouvir um pensamento tão elitista e manter minha cara de paisagem. Mas o cara era tão equivocado, coitado, que no fim das contas nos rendeu boas risadas no caminho de volta.

— Esquenta não, um dia e-e-esse filho da puta vai se a-a-arrepender — Celso lançou a praga.

De forma independente, o *Prêmio Hutuz* já estava em sua terceira edição — sabe-se lá Deus como, porque produzi-lo era puro sofrimento. Não me lembro de muitas pessoas que ajudaram na época. Os eventos aconteciam na marra, na base do milagre mesmo. Celso nunca foi um cara de ideologias e bandeiras, gostava mesmo era de ação. Entrava um dinheiro, ele ia lá e fazia. Sempre foi assim.

Mas, de alguma forma, Celso mudou o *mindset* dos favelados sobre a necessidade de olhar o mundo com a ótica da produção: se você produz, você recebe. Se você recebe, você consome. Naturalmente, a roda gira. Saímos da condição de críticos do sistema e passamos a assumir que somos parte do sistema.

Nesse processo de catequização, Celso começou a fazer muitas reuniões com o povo do hip-hop. Eram diálogos intermináveis e intensos. E por "intenso", estou querendo dizer aqui que a porrada comia mesmo, porque cada um tinha seus interesses e ninguém abria mão de nada. Celso transitava por vários papéis. Maestro, juiz, professor... agitador.

Eu sempre saía das reuniões com a certeza de que aquele era o último encontro, porque todo mundo ia embora puto pra caralho. Mas, para a minha surpresa, na semana seguinte todos estavam lá novamente. E — pior! — ainda levavam convidados. Não sei se o Celso sabia ou intuía que a busca daqueles jovens por uma identidade era o combustível da máquina que ele tentava pilotar.

Ainda ferido pela soberba do cara da Oi, ele plantou na cabeça de todo mundo a necessidade de qualificação da favela.

— Se vocês ficarem de bobeira, a playboyzada que tá-tá-tá chegando aí vai tomar o hip-hop de vocês. Se liguem! — ele botava o terror, na linha dos discursos de perseguição.

Lógico que fazia sentido, mas o desafio era grande demais. Como é que a gente ia disputar de igual para igual com os playboys se eles estavam anos-luz à nossa frente? Viajavam para o exterior enquanto a gente não chegava nem a São Paulo. Tinham acesso à internet quando a gente não tinha nem telefone. Era muita viagem, para não dizer ingenuidade, considerar que tínhamos alguma chance, que poderíamos nos articular politicamente para não perder o espaço. Por outro lado, Celso tinha muita visão.

Fui procurado por uns ricaços que, juntos, representavam quase metade do PIB do Brasil. Eles queriam contratar o meu show e estavam dispostos a pagar o dobro do meu cachê. É bem verdade que o dobro de pouco não é muito. Mas dava para comprar uma máquina de lavar para a minha coroa e trocar o beliche do quarto, meus sonhos de consumo na época. Cresci o olho. "Tô dentro", afirmei. Mas, ao invés de comemorar, Celso coçou a cabeça. Disse que participar daquele show poderia ser o nosso fim. O argumento era que o grupo não queria comprar o nosso show, mas sim nossa legitimidade, para depois nos neutralizar. Celso defendia que o dinheiro era importante, mas era preciso ter critérios. E por mais que a grana enchesse os meus olhos, eu sabia que era preciso defender uma posição. Sobretudo, porque a mesma empresa que bancava o festival de hip-hop, com mais de dois milhões de reais na época, se recusou a viabilizar o *Prêmio Hutuz* sob o argumento de que somente financiava ações culturais. Ficava evidente que a definição de cultura do cara estava atrelada a quem pedia o apoio. Se eram os playboys, ok, é cultura. Se éramos nós da favela, desculpe, não é.

Os caras estavam trazendo os americanos Snoop Dogg e Ja Rule. A programação era sexta no Rio e sábado em Floripa, com o traslado de helicóptero para os artistas. Anunciavam o evento como "O Maior Festival de Rap do Brasil", o que, de certa forma, inferiorizava os outros eventos.

Cá entre nós, não era bem assim. A verdade é que os outros não tinham o mesmo dinheiro porque lhes faltava a relação com as empresas e seus diretores de marketing.

Celso me mandou à queima-roupa:

— Bill, se você quiser fazer o show, be-be-beleza, vou respeitar, mas eu tô fora — ele respirou um pouco antes de continuar. — Estou sentindo um misto de inveja e ra-ra-razão.

Se eu tivesse alguma dúvida, ela teria deixado de existir naquele momento. A gente lutava muito para fazer a roda girar; muitos irmãos e seus familiares se fodiam — e ainda se fodem — para gravar um disco. Enquanto isso, os playboys viam o hip-hop como oportunidade para exploração financeira, o que, ingenuamente, até seria ok para qualquer outro estilo musical. Mas aí é que estava! O hip-hop não era qualquer estilo musical. A gente não era só entretenimento. Estava em jogo a nossa cultura, a nossa arte, o nosso estilo de vida e, para muitos de nós: a própria vida.

Não era justo. Topar era como aceitar um investimento no carnaval da Bahia que acabasse com o trio elétrico e substituísse a fantasia dos Filhos de Gandhi pela do Adolf Hitler. Sem condições. Certas coisas são inegociáveis.

Daquele dia em diante, compramos a briga. Os caras tinham todo o direito de fazer. E nós tínhamos o dever de questionar. A diferença estava nas convicções. Para nós, o rap era transformação de vida. Para os playboys, diversão com dinheiro público de renúncia fiscal. Basicamente, o contrário do que pregávamos para a juventude. Começou um mal-estar tão grande que o evento foi postergado e depois cancelado, gerando um prejuízo gigante, não só financeiro, mas de imagem também, pois todo dia saía uma nota nos jornais, até o dia que falei com todas as letras que não tocaria no evento. Foi um desgaste para a produção.

Tempos depois, as circunstâncias da vida nos reaproximaram dos caras. Eles reconheceram que nos ignorar, na época, foi um erro estratégico, e nós passamos uma borracha nisso tudo. Fazer o quê?

O importante é que toda essa confusão nos trouxe um insight e Celso resolveu levar a pauta do hip-hop para um outro nível. Lá vinha...

— Pensei numa pa-pa-parada aqui! — Celso anunciou. — Vamos ao Presidente da República!

— Como é que é? — questionei, sem saber se eu tinha ouvido direito.

— Pensei em levar todo o hip-hop do Bra-Bra-Brasil! Dessa forma o mundo saberá da nossa existência — Celso disse com os olhos brilhando, como se já pudesse visualizar a cena. Mas faltava um detalhe: — Você vai puxando o bonde, tá?

Era uma puta ideia.

Não seria a visita de um artista, mas sim de um coletivo, de um movimento. Um bonde. Isso nunca havia acontecido antes. Em canto nenhum do mundo, um chefe de estado havia recebido uma comissão de hip-hop para tratar de políticas públicas para o desenvolvimento da cultura nas periferias do país.

Eu não sabia o que se passava na cabeça do Celso. Talvez nem ele soubesse. O fato é que, até ali, todas as ideias mais malucas tinham dado certo.

— Vambora! — respondi, sem pensar muito.

A partir daí começaram as articulações. Eu não conseguia enxergar outra forma de acessar o Planalto Central que não fosse via política, o que, na real, me preocupava bastante. Afinal, qual seria o preço da ajuda de um político?

Celso acreditava que nenhum político do Rio nos viabilizaria o caminho do castelo. Mas, para nossa sorte, São Paulo estava fazendo 450 anos, e, naquele mês, o Caetano Veloso havia pedido sugestões de nomes para tocar na festa da cidade. Por entender que Rappin Hood tinha a cara da periferia de São Paulo, Celso sugeriu o seu nome. Detalhe: na época a cidade de São Paulo tinha uma prefeitura petista.

Celso nunca deu ponto sem nó. Ajudou a produzir a participação do Hood com um objetivo muito claro: pedir à Paula Lavigne que chamasse as autoridades de Brasília e intermediasse uma agenda com Lula, o presidente na época. E assim foi. Após o show, a Paula reuniu a prefeitura, José Dirceu, Mercadante e Frei Beto para explicar a ideia. Saímos todos com o encontro anotado em nossas agendas.

O Ministro da Cultura na época era o Gilberto Gil. Fiquei surpreso quando numa tarde qualquer meu telefone tocou e eu ouvi do outro lado a voz de "Aquele Abraço".

— Olá, Bill, tudo bem? Aqui é Gil falando! — em seu sotaque havia um certo acolhimento. — Boa tarde!

— Boa tarde — respondi, perplexo. — O que mandas?

Foram sete minutos de conversa, onde ele basicamente tentou saber o que eu queria falar com Lula. Eu, claro, não disse. Muito mais por também não saber, do que por desejar esconder alguma coisa. Fui enrolando até sair pela tangente, explicando que nossa reunião tinha mais um viés social do que cultural, e que, por isso, não carecia do envolvimento dele. Nunca soube direito qual foi o real motivo daquela ligação. As más línguas me disseram que o Secretário de Juventude de São Paulo estava organizando naquela mesma semana uma comissão para ir ao presidente, portanto o meu movimento, que, aliás, não era só meu, esvaziava o do Secretário.

Não sei se procede, mas teria sido mais fácil ele abrir o jogo e juntar todas as reivindicações do que tentar me demover da ideia de falar com o presidente, que foi a impressão que tive naquela conversa.

Enfim, foi só uma impressão, nunca uma certeza. Um dia eu pergunto.

Seja como for, juntei o nosso povo do hip-hop e partimos pra Brasília com gente de todos os Estados, a maioria nunca tinha ido à capital do país. Antes do encontro, nos reunimos num galpão para alinhar a pauta. E pronto, teve início um bate-boca interminável. Estavam lá nomes como Rappin Hood, Edi Rock, Nega Gizza, Lamartine, Gog, Marcelinho Bicho Solto, Preto Góes e muitos outros.

Celso interrompeu o debate e assumiu a responsa de organizar a pauta.

Partimos para o Planalto Central.

Já na portaria, o primeiro desafio: nossas roupas. Fomos barrados pelos seguranças porque muitos de nós estavam de bermudas. Argumentamos que o bermudão fazia parte da nossa cultura, tal qual o cocar para um indígena, mas foi em vão. Os seguranças não queriam conversa. Só conseguimos entrar porque alguém da presidência foi até lá nos liberar. No meio da confusão, uma coisa me chamou a atenção: uma mulher de pele clara que apareceu do nada e colou na gente, mas eu não lembrava de conhecê-la. Celso me disse que era uma amiga da Paula Lavigne e que essa amiga estava chegando da Bahia com o Gil, para também se juntarem a nós. É claro que esse encontro ia render.

Liberada a entrada, nosso bonde subiu.

No segundo andar, ficamos numa antessala, à espera do Presidente da República. Uma tensão fodida.

Discretamente, Celso me chamou num canto:

— Negão, nós chegamos até aqui, agora não podemos falhar — ele disse, olhando dentro do meu olho. — Va-va-vamos pedir a criação de um grupo de trabalho interministerial.

— Tá, mas o que é isso na prática? — eu não tinha a menor ideia e aquilo não era hora para eu fingir conhecimento.

— Também não sei. Mas é isso que vo-vo-você tem que dizer — ele disse. — Eu li no avião que é um grupo em que as pessoas se juntam para ficar discutindo as pa-pa-paradas com vários Ministérios.

— Deixa comigo, vou falar essa parada aí — garanti ao Celso. De qualquer forma, o hip-hop já estava no Planalto. "Seja o que Deus quiser", pensei.

De repente, pela entrada lateral, vi surgir um outro bonde: Gil, Paula Lavigne, Deputado Bittar e mais alguém que não lembro. Chegaram de maneira amistosa, cumprimentando todos nós. Puxaram suas cadeiras, e o papo começou de forma muito agradável. Depois ficou tenso, até ganhar um tom de bate-boca. Nunca entendi o motivo ao certo, mas a impressão de que não nos queriam ali novamente se evidenciou.

No auge do quebra-pau, as imensas portas de madeira se abriram. Lá de dentro, vimos surgir a noiva. Era ele, o Presidente Lula, exatamente como eu o imaginava. Simples e triunfante. Por mais que fosse um homem comum, a condição de presidente transforma qualquer pessoa.

Lula não poderia ter adentrado a reunião num momento mais propício. Cheguei a pensar se ele não estaria atrás da porta esperando a oportunidade.

Com um gesto cordial, porém firme, Lula concedeu a palavra ao Celso. Mas Gil interveio para dizer que já tinha iniciado uma interlocução com o nosso movimento. Não sei de onde ele tirou isso. Será que considerou nossa conversa telefônica de 7 minutos uma "interlocução com o movimento"? Seja como for, esse foi o estopim para restabelecer a discussão.

Sagaz, Lula o cortou em tempo e pediu que cada um de nós se apresentasse. Foi bonito ouvir tantos sotaques. "Sou fulano de Fortaleza! Sou ciclano de Goiânia! Sou beltrano de Florianópolis!".

Ali era o hip-hop do Brasil.

Todos falaram um pouco sobre seus trabalhos na área social, colocando-se à disposição do Governo Federal para o desenvolvimento de novas políticas públicas.

Eu entreguei ao presidente um boné com o escrito "hip-hop", que ele botou na hora. Depois falei da importância de criarmos um grupo de trabalho interministerial. Na sequência, veio Celso e outras falas se seguiram. Ao fim, Lula tomou a palavra e deu um show de cidadania.

Entendi ali um monte de coisas. Mas principalmente que tudo sempre tem uma razão de ser. A briga com os milionários nos fez avançar na relação política com o governo para pautar o nosso movimento de uma forma apartidária e independente, trazendo, ao mesmo tempo, visibilidade para uma cultura marginalizada, mas com muita potência na periferia. Celso foi muito estratégico ao transformar o nosso ódio pelos playboys na mola propulsora de uma articulação poderosa.

Saímos de lá com o grupo formado e passamos a propor políticas públicas para a juventude favelada. Veja bem, política pública para a juventude proposta pelo hip-hop. Foi isso mesmo que você leu.

No dia seguinte, acordei com a ligação do Celso:

— Compra a *Folha de São Paulo*! — ele disparou, sem nem dar bom dia. — Vá no Barra Shopping, que aí na Cidade de Deus só tem *O Dia*.

Quando finalmente consegui o jornal, me deparei com uma matéria gigante, com foto e tudo, sobre a nossa reunião no Planalto. Estava tudo ali, com riqueza de detalhes. Quem de nós poderia ter vazado tudo para a imprensa? Quem de nós teria algum contato na *Folha de São Paulo*?

Fiquei com essa pulga atrás da orelha por anos, até descobrir o nome da tal mulher de pele clara que colou na gente lá em Brasília. Monica Bergamo. Tudo explicado. Tão bem explicado quanto o nome que ela deu à matéria: "Barraco no Planalto".

Acesse mais informações sobre o capítulo escaneando ao lado ou acessando o link:

https://youtu.be/8mEb55pqoYA

CAPÍTULO 17
MTV

A gente já ouvia Too Short à beça, mas no dia em que vimos um videoclipe dos caras, caralho! O mundo parou. O maluco com dente de ouro, se mexendo, andando na nossa direção... era como ver a capa do disco se mover. Antes da MTV, não tínhamos a menor ideia de como era *a imagem da música*. Ouvíamos os discos com a capa na mão, olhando cada detalhe e imaginando tudo. Tinha até um amigo nosso, o Fernando, que viajava de vez em quando para os Estados Unidos, e trazia as fitas VHS gravadas dos programas da MTV e da BET para a gente ver. Ele curtia muito mais soul e jazz do que rap propriamente dito, mesmo assim eu e Adão ficávamos vidrados na ideia de ver música na TV.

Lembro de já ter ouvido caras como Nando Reis e Charles Gavin dizerem que, quando seus pais viajavam ao exterior, traziam os discos mais bombados lá fora. Isso não existia no nosso mundo. Ouvíamos o que chegava. Por isso, a notícia de que a MTV ia estrear no Brasil, em TV aberta, caiu com uma empolgação monstra sobre nós. Sabíamos que um programa como aquele ampliaria a nossa compreensão sobre a música e o rap, como a clássica diferença entre ver uma fotografia e assistir a um filme.

"Tá, mas o que esses caras vão exibir?". Era a pergunta que nós nos fazíamos.

Se a estreia no Brasil por si só causou tanta comoção, imagina a notícia de que a MTV ia trazer também a versão nacional do programa de rap *YO! MTV Raps*. A gente pirou! Era o primeiro programa de rap na televisão brasileira, nunca tínhamos visto nada parecido. A rapaziada toda combinou de assistir à estreia lá em casa, porque tínhamos a melhor televisão da favela. Diga-se de passagem, surgiu de um rolo do meu padrinho, um lance muito esquisito que envolveu quatro negões entrando lá em casa com caixas de tevê, empilhando tudo na parede do quarto, e a minha mãe encostando a gente no canto da parede para avisar: — Ninguém viu nada, entenderam? — ela falou, com ar intimidador.

Tão intimidador que eu e minhas irmãs nunca comentamos o assunto nem entre nós. Não falamos nada nem mesmo no dia em que as televisões sumiram, uma semana depois, levadas pelos mesmos negões que voltaram lá em casa e recolheram todas, deixando apenas uma. Aquela que viria a ser a nossa primeira televisão a cores era uma Sanyo, 14 polegadas. A tevê mais foda da favela! Sinceramente, eu nunca soube a real história por trás da nossa tevê. Mas meu padrinho tinha algumas histórias assim. De vez em quando, chegava lá em casa com sacos e mais sacos do McDonald's, distribuindo lanche para todo mundo.

— Onde você arrumou isso, padrinho? — eu e minhas irmãs ficávamos curiosos; McDonald's para nós era coisa de grã-fino.

— Come essa parada aí e não faz pergunta difícil! — ele respondia, mastigando o sanduíche, a boca toda suja de maionese.

Então, quando a galera apareceu lá em casa no fim de tarde e se reuniu em volta da televisão, a gente ficou hipnotizado com aquele monte de cor invadindo a tela. Um monte de vinheta doida, nenhum apresentador, os videoclipes entrando e saindo... Uma loucura! Era como ver as músicas se mexendo na tevê. O *Yo! MTV Raps* era um programa que já existia na gringa, apresentado pelos rappers Doctor Dré e Ed Lover. Aqui no Brasil, o *Yo!* era apresentado pelo VJ carioca Felipe Barcellos, um negão três mãos de tinta, com corte escovinha no cabelo. Para nós, uma puta surpresa, porque podíamos jurar que éramos as únicas pessoas no Rio de Janeiro a conhecer rap. Ele exibia os videoclipes, falava sobre o conteúdo das músicas, comentava as performances... Coisas que a gente nem conhecia, nunca tinha ouvido falar. Basicamente, tudo o que a gente mais amava estava passando na televisão.

Todo sábado, quando dava dezessete horas, era a mesma coisa: a galera brotava lá em casa, e ia se amontoando em volta da tevê. Todo mundo esperando pelo *Yo!* A MTV, aliás, passou a ter um papel extremamente importante entre nós. Não só pelo *Yo!*, mas porque era um canal de música sem comercial. A galera ligava a tevê para arrumar a casa, fazer comida, trabalhar... Até que começaram a chegar os apresentadores e o conteúdo começou a se segmentar. Nesse pacote também vieram as primeiras mudanças. O programa ganhou outros apresentadores: Luiz Thunderbird, Primo Preto, Rodrigo Brandão (que era um cara entendido pra caralho de música). Depois veio o Thaíde, e o DJ KL Jay, que conseguiu estender o programa para uma hora e meia de duração, quando a média dos programas da MTV era de uma hora.

Sem dúvida, foi por influência da MTV que comecei a fazer videoclipes.

Estávamos no começo da era digital, ninguém falava sobre plataformas como o Youtube, a MTV era o canal que dava espaço para essas experiências audiovisuais. Valia a pena juntar um dinheiro para produzir algo legal e lançar na MTV. Por isso tanto me orgulha cada indicação que recebi ao prêmio *VMB – Video Music Brasil*, da MTV, o qual ganhei por duas vezes. A primeira com *Soldado do Morro*, vencedor como melhor clipe de rap do ano 2001, e depois com *O Bonde Não Para*, o primeiro videoclipe que dirigi, inspirado em *Black or White*, do Michael Jackson, em 2010.

Verdade seja dita, a MTV sempre foi muito próxima da cena hip-hop e nunca teve qualquer restrição para passar os nossos videoclipes. Justamente por isso sempre foi tão respeitada no meio. Depois de 2010, entretanto, a MTV assumiu outra postura, quando uma nova lógica se estabeleceu: os produtores de artistas passaram a oferecer à MTV produtos, favores e até dinheiro para que os seus artistas estivessem presentes na programação, que, por sua vez, também já não era mais a mesma. No lugar de música, a MTV passou a investir no humor. Programas humorísticos, com uma pegada jovem classe média, e associados a marcas comerciais, começaram a pipocar na programação, que agora transbordava publicidade. Em bom português: a MTV se rendeu ao mercado. Isso fez com que a emissora tivesse menos tempo para a música. Até aí tudo normal. O que de fato me causou asco foi a tentativa da MTV, nessa nova fase, de manipular a história do rap no Brasil e reescrever a cultura hip-hop nacional, dando destaque aos grupos que, claramente, preferiam essa nova gestão. De democrática, a MTV passou a ditadora, e toda a produção de rap nacional parou de circular. Eles simplesmente não exibiam videoclipes de outros artistas e, de uma forma muito covarde, mentiam para as nossas produções, garantindo a exibição do videoclipe em dias e horários que jamais aconteciam. Nós, artistas, divulgávamos, aguardávamos e... nada.

Nesse modo de operar, a MTV conseguiu emplacar alguns grupos e abafar outros. Quem saiu perdendo foi a cena do rap.

Sorte a minha que a Vivian, minha mulher na época, rata de internet, me deu o toque visionário que mudaria tudo.

— Bill, escuta, no futuro as pessoas vão te assistir por aqui — ela disse, apontando para a tela do computador que ficava no nosso quarto. Um 486 gigante. Vintage. — No futuro, vai ser impossível aglomerar as pessoas em frente à tevê num mesmo horário para assistir a alguma coisa. Entende?

É claro que eu não entendia.

As frases da Vivian ecoavam na minha mente tal qual o desenho dos *Jetsons*. Ou seja, não entendi porra nenhuma. Mas, graças à convicção da Vivian, fui um dos primeiros artistas do Brasil a ter seu próprio canal no YouTube, o que permitiu que as pessoas que me acompanhavam na MTV migrassem para uma outra plataforma e pudessem me assistir sem restrições, quantas vezes quisessem. Isso foi deixando a MTV de lado. Comecei a produzir coisas mais direcionadas à internet e não mais para a MTV. Era a assinatura da nossa carta de alforria.

Já na UTI, respirando com a ajuda de aparelhos, a MTV resolveu fazer algumas coisas com o rap. No apagar das luzes, dentro do circuito de encerramento das atividades, o *Yo!* ganhou uma nova temporada apresentada por uma mina foda. Rolou também o *Especial Yo! MTV*, cuja proposta era exibir shows, videoclipes, documentários e entrevistas em homenagem aos clássicos do rap. Uma espécie de quitação de débito com quem a MTV se sentia em dívida. Recebi inúmeros convites para participar desses programas, mas me reservei o direito de recusar todos. Um troço difícil de imaginar porque, até então, MTV para mim era sinônimo de convite feito, convite aceito.

Não critico de forma alguma os artistas que deram essa segunda chance e disseram sim à MTV, mas eu simplesmente perdi a vontade. Preguiça da postura deles. Por outro lado, eu estaria mentindo se dissesse que não foi com uma tristeza fodida que assisti ao fim das transmissões da MTV, vendo a rede de TV que um dia nos incentivou e influenciou de uma maneira tão libertadora se transformar num canalzinho comercial qualquer. Tenho saudades daquele começo da MTV. Bons tempos.

Acesse mais informações sobre o capítulo escaneando ao lado ou acessando o link:
https://youtu.be/fqf6QZqrqmU

CAPÍTULO 18
MEU MANO CHORÃO

A MTV me causou algumas decepções, mas também trouxe muita coisa boa na minha vida. Sobretudo, representatividade na televisão. Sei que pude influenciar muitas pessoas com os meus videoclipes. Jamais vou esquecer que, no dia seguinte ao VMB, em que *Soldado do Morro* foi escolhido o Melhor Clipe de Rap do Ano, fui recebido na CDD com uma faixa na frente do meu prédio, me parabenizando pelo vídeo. Um troço lindo! Emocionante de verdade. Com a chegada do sistema de TV "a gato", a CDD inteira assistia à MTV.

O fato é que os encontros que a MTV promovia, as festas, os eventos e as premiações, reuniam artistas de diferentes esferas. Desses encontros de bastidores nasciam rivalidades, brigas, braços quebrados... e também grandes relações de amizade.

No VMB de 1998, eu estava iniciando as gravações do meu primeiro disco, ainda não tinha videoclipe, mas fui convidado para assistir à cerimônia. Colocaram-me numa poltrona ao lado do Gabriel, o Pensador. Nos intervalos, a gente comentava os artistas premiados, fazíamos nossa resenha, tudo na zoeira.

Ao final da premiação, sempre rolava uma festa num outro espaço mais aberto, com outros convidados famosos e anônimos, e umas jam sessions com artistas dando canja. Era um baladão! Sem hora para acabar.

Numa dessas, fui ao banheiro fazer número um. Estava lá mijando quando me dei conta de que ali, no mictório ao lado, havia um prêmio da MTV. Ou melhor, havia um outro doido mijando com o prêmio na mão.

Antes que eu pudesse olhar, a voz rouca me chamou a atenção. Era o Chorão.

— Porra, V Bill! — ele só me chamava assim. — Me amarro no seu som, cara! Prazer enorme te conhecer!

— Me amarro no seu som também! — falei de coração, fechando o zíper da calça jeans.

— Vou lavar minha mão para te dar um abraço!

— Já é.

— Porra, a gente tem que fazer alguma coisa juntos...

— Temos! — concordei.

— Eu vou te ligar.

— Liga sim.

Uma clássica cena carioca que fala "passa lá" sem dar o endereço. Boca pra fora apenas. Eu entendia bem.

Por isso, fiquei surpreso quando, dias depois, a minha produção avisou que o Chorão tinha entrado em contato. Eu até liguei de volta para saber se tinha acontecido algum problema.

— Tá tudo bem — ele garantiu. — Liguei só para saber como vocês estão aí.

— Ah... — fiquei até sem saber o que dizer. — Estou bem, pô. E você, meu camarada?

— Suave. Aí, quando estiver aqui em São Paulo, dá um chega aqui!

Àquela altura, Chorão estava superestourado. Não precisava de mim para porra nenhuma. Era um contato totalmente desinteressado e sincero. Então, contei a ele que estava compondo uma música, ainda sem nome, para o meu segundo disco, e o convidei para aparecer lá no estúdio do Dudu Marote, na Vila Madalena.

Chorão era humildade pura, transpirava alegria e simplicidade. Um cara de coração bom, qualquer um sentia. Apareceu lá no estúdio com uma disponibilidade que poucas vezes encontrei em alguém. Mostrei a música, e ele voltou dois dias depois com a letra. "Cidadão Comum Refém", foi o título que ele deu. A princípio, a gente ia fazer só com o DJ Luciano SP produzindo. Mas Chorão trouxe o Marcão para tocar guitarra e o Champignon para fazer o baixo, que, aliás, ficou bom pra caralho!

Semanas depois, quando o reencontrei, ele chegou com uma mala.

— Fala, V Bill! Aqui dentro tem uns tênis de umas marcas parceiras aí. Vocês não têm um projeto social lá no Rio? Distribui lá para a galera!

Era tênis pra caralho. A molecada pirou quando a mala chegou. Uma festa só. "Presente do Chorão! Presente do Chorão!", um dizia para o outro, com o par de tênis na mão.

Continuamos em contato e, tempos depois, o Chorão se interessou em conhecer a CUFA — Central Única das Favelas. Toda vez que tinha show no Rio de Janeiro, fosse onde fosse, ele dava um jeito de passar em Madureira. Curtia ficar andando de skate com os moleques, debaixo do viaduto. Ficava lá até a hora do show.

Numa dessas, um belo dia, o Chorão me ligou:

— Fala, V Bill! Escuta, tem alguém lá na CUFA hoje para receber uma parada que vai chegar?

— Pô, deve ter sim... — eu não tinha a menor ideia. — Mas o que é que vai chegar?

— Tô mandando uma pista de skate.

Era simplesmente a pista de skate mais foda que Madureira já tinha visto. Inteirinha de madeira. Chorão também deu de presente a manutenção, um especialista que, de tempos em tempos, ia avaliar o desgaste e reparar os problemas. Em pouco tempo a pista virou point. Skatistas de tudo quanto era canto brotavam lá debaixo do viaduto. Inclusive o próprio Chorão, que virou figurinha fácil por ali.

Chorão se juntava ao professor, o Gringo, e à molecada das aulas de skate. Tinha uma generosidade ímpar, muita vontade de se envolver no bagulho. Ele não queria só doar uma pista de skate, queria andar com os moleques. Se hoje Madureira faz parte do circuito de skate carioca, com um dos maiores Skate Parks da América Latina, arquitetado pelo meu amigo de infância, o Silvinho, lá no Parque de Madureira, não há dúvidas de que a origem desse movimento foi o Chorão, que jogou essa semente lá atrás, debaixo do viaduto.

Chorão também era muito consciente dos preconceitos que nós, do rap e da favela, enfrentávamos. Sabia que a gente não tocava em festival grande porque a playboyzada tinha restrições conosco. Em outras palavras, soávamos marginais demais para a classe média. O Chorão tinha uma leitura perfeita desse cenário e, justamente por isso, exigiu a nossa participação como condição para aceitar alguns convites de cantar em festivais. Foi por exigência dele, por exemplo, que tocamos no *Ceará Music Festival* e no *Pernambuco Music Festival*. Naquela época, o rap não estava na moda, playboy torcia o nariz para a gente. Em Fortaleza, eu e Kmila CDD encaramos uma plateia hostil que passou a metade do show mostrando o dedo do meio para nós. Levamos o show até o fim apenas por uma questão de profissionalismo, porque, na real, eu estava puto pra caralho. Vontade de dar uma voadora com os dois pés num maluco que encarava minha irmã com cara de nojo. Na primeira chance, o Chorão pegou o microfone e interveio.

— Aí, se vocês têm respeito por mim, mas não têm por eles, vocês não entendem porra nenhuma do que eu canto nas minhas músicas! — ele falou grosso, estava tão puto quanto nós. Depois, veio na minha direção, segurou a minha mão e levantou o braço.

— Vocês estão vendo aqui: eu sou branquelo, ele é negão. Mas olha ali no chão — ele apontou para a sombra que a nossa imagem projetava no palco. — É tudo da mesma cor, rapaziada. A gente é tudo igual nessa porra, se liga aí!

A galera aplaudiu, cinicamente.

Isso é muito Brasil.

E minha vontade era mandar todo mundo na plateia ir tomar no olho do cu.

Com muito orgulho, participei do disco dele também, *Ritmo, Ritual e Responsa*, com a música "Sem Medo da Escuridão", um rock pesado pra caralho, que gravamos juntos.

— Aí, V Bill, você me fez cantar seu rap, agora quero ver você rimando no rock — ele desafiou, às gargalhadas.

— Posso tentar pôr um traço de funk carioca junto? — propus, também na gozação.

Chorão era parceiro pra caralho. Um cara que abraçava, que estava junto, generoso de verdade. Quando visitamos o Skate Park dele lá em Santos, ele percebeu que eu gostei de um rádio branco, muito maneiro, que estava em cima da estante.

— Leva! — ele disse.

— Não, cara! Tô só olhando porque achei diferente...

— Leva para você! — ele disse, já tirando da tomada e me entregando o rádio. — É bom para escrever música na praia.

— Mas... como assim?

— Eu tenho outro igual em casa.

Nem sei se ele tinha. Era bem provável que não tivesse. Mas Chorão percebeu que o rádio seria útil para mim e me deu, porque ajudar o outro era uma coisa que ele genuinamente curtia. De fato, o rádio me foi muito útil. Foi com ele que fiz o som de referência na gravação do clipe de *O Bonde não Para*.

Sobre a partida do Chorão, a primeira vez que o meu alerta acendeu foi no *Festival Planeta Atlântida*, lá no Sul. Depois do show, Chorão apareceu no meu quarto para trocar uma ideia. Falamos da vida, da rotina, das escolhas... Percebi que ele estava um pouco desanimado com tudo, cheguei a falar pra ele. Eu já tinha visto muita gente se foder deixando a mente tomar aquela mesma direção. Nesse papo, Chorão me falou da insatisfação com a MTV. Já estava fora dos últimos VMBs (havia participado de todos) e superchateado com uma suposta "homenagem" que a MTV tinha armado. Um medley feito por algumas bandas, possíveis sucessoras no estilo, só que mais puxadas para o emo, que cantavam trechos de músicas dele. Uma constrangedora homenagem póstuma para alguém que estava vivo, foi assim que ele recebeu. Chorão não curtiu. Quem curtiria?

Ele me deu um abraço forte, deixou um *presentaço*, e pediu pra que transformasse aquilo em uma letra nova. Depois se foi para o quarto dele.

Foi a última vez que trocamos ideia.

Ainda nos vimos em outras ocasiões, mas sempre em lances rápidos.

Um tempo depois, eu gravei um clipe em Brusque e a gente estava voltando, a caminho do aeroporto de Navegantes, já era umas quatro da manhã. Eu, Kmila CDD, Nino e um outro parceiro no carro.

Alguém ligou o rádio, estava tocando "Dias de Luta, Dias de Glória". Depois tocou "Céu Azul" e "Lugar ao Sol". Na quarta música do Charlie Brown Jr., o locutor anunciou que a seleção era em homenagem à morte do Chorão.

— Caralho! Nego é foda... — eu disse rindo, jurando se tratar de uma piada. Em Santa Catarina tem um programa de comediantes na rádio que os caras fazem piada com tudo. — Comentam cada coisa! — era óbvio que o Chorão não estava morto. Não podia estar.

Num instante que passou na velocidade de um sopro, nossa ficha foi caindo. Ninguém disse mais nada e, de repente, ao som do Charlie Brown, o mundo virou um campo deserto e silencioso, coberto do mais fino estranhamento, da mais longa escuridão.

Olhamos um para o outro, com uma expressão que poderia ser lida como: "Será?". Meu pensamento oscilava entre achar que era um mal-entendido ou... sei lá.

Nino pegou o telefone. Era verdade.

Mas o que seria a morte senão uma profunda certeza da vida?

Nem sei se faz sentido o cuidado extremo com que eu guardo o rádio branco, o skate e as camisas da marca que ele me deu antes mesmo de lançar. Porque é de outra substância o que fica: a generosidade, a alegria, a amizade, o talento, a verdade com que o Chorão conduziu seu caminho por aqui.

Você tá fazendo uma falta fodida, meu parceiro. Um dia eu levo o skate pra gente dar um rolé, valeu? Um dia.

Acesse mais informações sobre o capítulo escaneando ao lado ou acessando o link:

https://www.youtube.com/watch?v=Vm3Huqn4Lmw

CAPÍTULO 19
BONDE DO RAP

Em 2001, a gente ainda estava muito preso ao eixo Rio–São Paulo. Grande parte dessa culpa eram as longas distâncias e o alto valor das passagens aéreas, que dificultavam muito o nosso acesso aos públicos do Norte e Nordeste. Celso, o gênio do marketing, não demorou a ter uma ideia.

— Vamos criar o Bonde do Rap!

— Que porra é essa?

— Você, Edi Rock, Xis e o KL Jay — Celso enumerou nos dedos. — Vo-vo-vocês quatro vão conseguir che-che-chegar a muito mais lugares se estiverem juntos e sem as equipes de vocês.

Todo mundo topou. E foi o próprio Celso quem decidiu os destinos. Fortaleza, Teresina e Belém, para começar. Celso estudou as datas e articulou tudo com produtores locais.

E-mails trocados e tudo acertado, dois dias antes da viagem, Celso surgiu com a novidade: "Não vou com vocês não, tá? Arrebentem lá!", dizia a mensagem que chegou nos nossos celulares. Para mim, surpresa nenhuma. Era a cara do Celso botar pilha, armar o circo e sair no sapatinho. Com isso, o Carlão, que era o produtor do Xis, foi promovido ao posto de Nosso Produtor, e o Lakers foi escalado para fazer os refrões das músicas cantadas em sons como "À Noite", de minha autoria, "Por Você", do Xis, e "Mágico de Oz", do Edi Rock, só para citar algumas.

Assim partiu o Bonde do Rap. De Fly Linhas Aéreas. Num avião medonho. Praticamente um ônibus com asas. No primeiro trecho, Rio–Fortaleza, o KL Jay perguntou à comissária:

— Tem suco?

— Não temos.

— Refrigerante?

— Também não.

— Café?

— Infelizmente não temos...

— O que tem aí para beber então?

— Água. O senhor aceitaria?

Eu, sentado atrás dele, ri pra caralho. Sem deixar ele perceber, é claro.

A viagem nem tinha começado e já estava difícil.

Lá em Fortaleza, desembarcamos do avião para um calor infernal. Tínhamos a instrução de procurar um sujeito chamado Preto Zezé, o cara à frente da organização do show. Quando o cara apareceu, só conseguimos compreender metade das coisas que ele dizia. Para dizer a verdade, só o final das frases, que sempre terminavam com "Tendeu, macho véio?". A gente balançava a cabeça, mas a gente não entendia porra nenhuma, poque ele falava rápido demais e usava gírias locais.

O local do show em Fortaleza era na real um galpão escuro, meio sombrio, que poderia tranquilamente servir como locação para um filme de terror. Nem no palco tinha luz. E todos os ingressos esgotados. Casa cheia. Era a primeira vez que nos apresentávamos para o público do Nordeste, que já nos conhecia pela MTV.

Para definir os detalhes da nossa apresentação, dei a ideia de cada um entrar no palco e ficar, para dar suporte ao próximo, fazendo a voz para quem estivesse cantando, de forma que o palco se mantivesse sempre cheio e ninguém saísse.

— Já é! — o Xis topou de pronto.

O Edi Rock não pareceu curtir a ideia.

— A minha parte vou fazer sozinho. Separadamente, sacou?

Claro que sacamos. Não era a atitude que eu esperava num bagulho que tinha por princípio ser colaborativo, mas tudo certo. Para que o mal-estar não se instalasse, coloquei um sorriso no meu rosto e fiz por menos.

— Tranquilo! Faz do seu jeito, irmão — disse ao Edi Rock, em respeito ao seu posicionamento. E me virei ao Xis: — Vamos do nosso jeito, então?

— Bora!

Minutos antes do show, o Preto Zezé nos apresentou a um cara que, se não era o maluco mais forte de Fortaleza, era seguramente o maluco mais forte daquela redondeza.

— Esse aqui é o responsável pela segurança do show! — Preto Zezé anunciou todo entusiasmado, batendo no ombro do cara. — Contratei especialmente para vocês, tendeu, macho véio?

O maluco era grande bagarai e tinha uma atitude extremamente agressiva, que, infelizmente, não foi só impressão nossa. O camarim era uma espécie de arquibancada onde todos nos viam e vice-versa, então era possível ver a truculência dele com o público. Parecia um gigante guerreando com a multidão. De tempos em tempos, ele chegava num canto e dava uma talagada num copo, que eu podia apostar ser bebida alcoólica. A casa lotada, a galera insana. Uma treta ali era só questão de tempo.

Por ser um show coletivo, fizemos um repertório reduzido, com nossas músicas mais conhecidas. Conforme combinado, o primeiro a entrar no palco foi o Xis. A casa caiu! Chegou a minha vez, a galera lá em cima! Quando o Edi Rock entrou, eu e Xis demos uma recuada em respeito à vontade dele de estar sozinho no palco. E ficou bom também.

No improviso absoluto, o fim do show foi caótico. A galera invadiu a saída do palco, e a gente foi engolido pela multidão. Um queria tirar foto, o outro pedia autógrafo, outro queria contar uma história...

Faltava um esquema para receber as pessoas depois do show. Não tínhamos como voltar para o camarim, sem seguranças. Só tínhamos o maluco mais forte de Fortaleza, que a essa altura estava bêbado. No meio do caos só nos restou uma coisa a fazer: sair correndo. E rápido.

— A gente precisa ir pra van! — um de nós gritou, na confusão.

— Como? — outro questionou, no sufoco. — Cadê o segurança para nos ajudar a sair daqui?

No melhor instinto de sobrevivência na selva, eu, Xis, Lakers, KL Jay e Edi Rock fomos navegando pela multidão rumo à saída. De repente, no meio da pista, um clarão se abriu a nossa frente. Só entendi o que estava acontecendo quando, no reflexo, desviei o rosto de um soco perdido que quase me acertou. Era um porradeiro daqueles! Confusão para baile de corredor carioca nenhum botar defeito. E no meio da encrenca toda quem estava? Exatamente. O cara que mais devia estar zelando pela paz. O segurança.

— Bora! Bora! Esse cara vai acabar tretando com a gente! — ouvi o Xis falar.

Na sequência, fomos direto para a próxima parada. Teresina. Mas não antes de dar uma passada no Mercado Central de Fortaleza e comprar carne de bode. A minha mala, que já estava pesada com roupa, computador e um par de halteres que levei para malhar no hotel — sim, eu levei! —, agora tinha também dois quilos de carne do bode para me fazer companhia durante toda a turnê.

Em Teresina, o esquema foi muito mais profissa. Fomos recebidos por um maluco chamado Gil BV, também contato do Celso, que organizou o bagulho todo. Na hora de armar o show, o mesmo dilema. Para evitar qualquer mal-estar, repetimos o combinado com o Edi Rock. Estávamos numa onda de união, não era lance de um sobressair mais que o outro. Pelo menos para mim e para o Xis.

E assim foi. Quando o show começou, o Xis entrou no palco cantando "Bem Pior", e eu fui logo atrás. No entanto, no meio da primeira música, do nada, ouvimos uma terceira voz engrossar o nosso coro. Eu e Xis olhamos para o fundo do palco e de lá vimos surgir o Edi Rock interagindo conosco, como se estivesse tudo combinado. O cara mudou de ideia, muito legal. Nós três entramos numa energia maneira que se alinhou totalmente com o público piauiense. Showzão da porra! Ao fim, recebemos a galera no camarim, com direito a fotógrafo oficial e tudo mais.

O trecho mais complicado da excursão foi o de Teresina para Belém. O avião atrasou. Ficamos horas esperando no aeroporto. Era domingo e o show em Belém estava marcado para o início da tarde. Não havia muito tempo entre o nosso desembarque e o horário do show. O lugar reservado para a apresentação, pequeno demais, estava entupido de gente, e à medida que as horas avançavam e a gente não chegava, o público paraense começou a desconfiar da organização do evento. Aos gritos de "Quero o meu dinheiro de volta!" e "É mentira, não vai ter show nenhum!", uma pequena confusão começou a se armar. Assim que botamos os pés em solo paraense, o cara da produção local ligou:

— Pelo amor de Deus! Manda alguém para cá direto, que o povo vai quebrar tudo aqui!

A ideia era passarmos no hotel para tomar um banho e nos preparar antes do show. Diante do cenário, avaliei a situação e percebi que eu era o mais pronto para subir no palco na condição em que estávamos.

— Eu vou na frente! — me ofereci.

Quando cheguei ao local do show, levei um susto. Se em Fortaleza e Teresina foi casa cheia, em Belém eu não sei nem classificar. Era gente caindo pelas paredes, dependuradas no teto. Quando pisei no palco, a galera pirou. Uma catarse de verdade. Demorei uns quinze minutos para controlar a multidão. Cada vez que eu abria a boca, a galera gritava, aplaudia e assoviava. Um bagulho muito doido.

— Pessoal! Fiquem calmos! Eu vim direto do aeroporto para cá. — consegui introduzir depois de muitas tentativas. — O Xis, KL Jay e Edi Rock já estão a caminho. Vamos fazer um showzão, mas com cuidado pra ninguém se machucar, combinado? — foi o recado que consegui passar antes que uma nova onda de gritaria se instalasse.

Na hora do show, mais entrosados, repetimos o esquema de Teresina. A energia lá em cima. Pressão total! Na apresentação do Xis, ele foi para a galera e se empolgou. Bateu com o microfone na boca e quebrou um dente. Continuou cantando como se nada tivesse acontecido. Enquanto contabilizava o prejuízo na boca, ficou um tempo parado, cantando no mesmo lugar e, quando enfim se moveu, reparou o tênis meio frouxo no pé. Alguém havia levado os cadarços dele. Possuído por alguma força sobrenatural, o Xis subiu na caixa de som e desabou junto com ela. Mas nada disso parou o show!

Na minha apresentação, cantei "Soldado do Morro" e tirei a camisa. A festa inteira repetiu o meu gesto. Para fechar, veio o Edi Rock e quebrou tudo. Ao fim do show, ficamos até tarde atendendo as pessoas.

Quando, finalmente, cheguei ao hotel, percebi que o que eles chamavam de "hotel" era, na verdade, um monte de camas espalhadas numa chácara dentro de uma floresta. O único sinal de vida era a luz, mas, no meio da noite, ela também acabou. À luz da lua, nos restou rir e matar os mosquitos que queriam nos jantar. Eu, Xis, KL Jay e uma mina da produção que também fazia rap, chamada Ladra-Di, ficamos até às tantas jogando conversa fora e dando risada. Apesar da falta de luz, notei o produtor local meio tenso. Ficava num pra lá e pra cá desatinado, achei estranho. Tinha dado tudo certo, o show tinha sido um sucesso, qual era a razão para o estresse?

Foi o próprio Carlão quem me contou o drama.

— Bill, os caras não têm a nossa passagem de volta.

— Como é que é?

— Isso mesmo.

— Mas como não? O voo está marcado para amanhã às oito.

— Não está.

— Oi?

— Eles só fizeram a reserva.

— E aí?

— E aí que eles se enrolaram e não têm dinheiro para pagar nossas passagens de volta.

— Fodeu!

— Fodeu. — Carlão respirou fundo, antes de sugerir — Só tem um jeito... — pelo tom dele, senti que não vinha boa coisa.

— Qual?

— A gente pegar do nosso cachê.

Apesar da casa cheia nas três capitais, os shows não renderam muita grana. Primeiro porque era preço popular; segundo porque éramos muitas cabeças na hora da divisão. Mas todo mundo concordava que precisávamos ir para casa. Eu já não aguentava mais abrir minha mala e dar de cara com a carne de bode, que no fim das contas foi tudo o que sobrou do meu cachê. Se a solução era mexer no pouco dinheiro do show, que assim fosse feito. Então, sob a promessa jamais cumprida de que a gente acharia uma forma de reaver esse prejuízo, pagamos as passagens de volta do nosso próprio bolso.

Pior que encerrar a turnê do Bonde do Rap sem um puto para contar a história, foi passar a viagem de volta inteira ouvindo o Xis cantarolando um trecho da música do 509-E:

Representei. Não tive recompensa. Representei. Não tive recompensa. Representei. Não tive recompensa...

Ele cantava em looping, perturbando a nossa cabeça.

— Cala a boca, Xis! — exclamei, em tom de sacanagem, mas, de verdade, ninguém aguentava mais.

Apesar dos perrengues, curtimos pra caralho fazer o Bonde do Rap. Fortaleza, Teresina e Belém são públicos incríveis. Uma gente calorosa, para cima e cheia de vida, em que, para minha sorte, tive a chance de cantar muitas outras vezes. Quem sabe um dia a gente não repete?

Acesse mais informações sobre o capítulo escaneando ao lado ou acessando o link:

https://www.instagram.com/p/CaXwVUtBWZ3/

CAPÍTULO 20
A FÃ

Quando eu era moleque, adorava ir à praia. Mas era preciso muita insistência pra minha mãe liberar. Talvez com alguma razão, pois a maioria dos amigos que iam lá em casa me ajudar a encher o saco dela sequer tinham o dinheiro da passagem. Ir à praia para nós significava calote no ônibus, resto de lanche do Bob's, e muita zoeira na água!

Pezão, Nanando, Eraldo, Nado, Negão... só moleque bom! Saudade da minha rapaziada da praia.

Era tão difícil conseguir permissão da minha coroa para ir à praia que, quando já cansada da minha pentelhação, ela dizia: "Tá bom, vai! Toma cuidado, Alex, respeita o mar! Água não tem cabelo!", eu passava o dia todo fora, só voltava no fim do dia. Um rato de praia, como se diz.

Com o passar dos anos, com a responsa e os boletos chegando, o corre da vida acabou me distanciando da areia. Fui preferindo os horários mais vazios, no início da manhã, no meio da semana. Um lugar para chegar às seis da matina e já estar de saída às seis e meia, no máximo.

Meus amigos de longe, que ficavam lá em casa quando vinham me visitar, sempre mandavam: "Você esnoba a praia porque mora perto, queria ver você ir embora rápido assim se a praia fosse em outra cidade". Podia até ser.

Por tudo isso, não sei explicar o que me deu naquele sábado de 2007, para ter topado o convite da Kmila e da Vivian, minha mulher à época, para passar o dia na praia, fritando ao sol. Mentira. Sei sim. A Vivian vinha há dias buzinando no meu ouvido que a gente não dava um rolé, que eu só tinha tempo para o trabalho, e que a gente quase não se divertia. Para fazer um agrado, joguei guarda-sol, cadeira, canga e cerveja na mala do Siena azul e me ofereci em sacrifício.

Juro que tentei relaxar, mas eternos quarenta minutos depois me bateu uma vontade absurda de ir embora.

— Pra mim deu — anunciei, já levantando e fechando o guarda-sol. — Vamos?

— Pra onde? — Kmila perguntou, bolada.

— Ah não, Bill! A praia está trilegal! — protestou Vivian.

Mas eu nem ouvi, já estava vestindo a camiseta e me encaminhando para o carro. Kmila foi da Barra até a Cidade de Deus reclamando.

Já perto de casa, meu telefone tocou. Era o Otto. Eu o tinha conhecido na gravação de um programa para uma TV japonesa, e acabou virando meu parceiro.

— Bill, eu vou gravar um DVD especial para a MTV — ele me contou, enquanto eu estacionava o carro na porta de casa. — Vai ter os músicos da Nação Zumbi fazendo a base de fundo, e eu queria te convidar para uma participação.

— Porra, já é! — assenti, feliz pra caralho com o convite.

— O nome da música é "Cuba" — ele explicou, enquanto eu entrava no meu prédio com a Vivian e me despedia da minha irmã. — O Chorão gravou comigo no estúdio. Agora, para o DVD, pensei em você.

— Claro! — agradeci, super-honrado, subindo as escadas, logo atrás da Vivian.

— Mas, olha, a gravação rola em duas semanas.
— De boa.

No exato momento em que eu fechava a minha participação com o Otto, superempolgado com a nossa conexão e uma proposta de trabalho promissora, notei algo esquisito na expressão da Vivian. Alguma coisa estava errada.

— Valeu, Otto, depois a gente se fala — me despedi rapidamente, percebendo, com muita estranheza, que o som da minha casa estava ligado nas alturas. Tocava uma música do Busta Rhymes. Como era possível se não tinha ninguém em casa?

Olhei para a Vivian e pude ver o mesmo ponto de interrogação que pairava sobre a minha cabeça. Na coragem, enfiei a chave. No medo, girei.

Para a nossa surpresa, a porta estava aberta.

E, pior: havia alguém no meio da sala. Uma menina, com um incenso numa mão, um isqueiro na outra, vestida com um blusão e uma bermuda da Cyclone. Ambos meus.

Deu para ver que ela estava nua por baixo. Percorri o olho em todo o absurdo da cena e, em cima da estante, identifiquei uma faca que não era lá de casa.

"Que porra é essa?", me perguntei, sem que nenhuma resposta viesse ao meu socorro.

Fiquei em choque. Paralisado. Não consegui formular nenhum pensamento lógico.

— Quem é você? — foi tudo o que consegui dizer.

A menina me sorriu diabolicamente. De repente, vi todo o meu choque se transformar em ira. Na cegueira, o meu ímpeto foi partir para cima da garota e sumir com ela da minha frente. Olhei para a janela aberta. Eu morava no quarto andar. Daria um estrago e tanto.

A voz da Vivian, ao fundo, me chamou de volta à realidade.

— Não faça isso, neguinho! — ela falou, calmamente. — Ela é menor de idade. Ela está com a sua roupa. Qualquer coisa que você fizer, vai transformar essa história num outro enredo.

A Vivian tinha um lance meio enigmático, o dom de falar a coisa certa. Sempre. A ela devo a minha vida, quando nasci de novo depois de um acidente de carro a caminho de Macaé, onde capotamos cinco vezes e eu, no banco de trás, só saí ileso porque me lembrei dos conselhos dela para usar o cinto, mesmo no banco de trás. Eu me lembrei disso no momento em que o motorista sem-noção resolveu brincar de *Speedy Race*. O cinto era uma recomendação que a Vivian sempre fazia e eu nunca dava bola. No final das contas, foi o que me protegeu. A mim e ao Nino, que, sem falar nada, copiou minha atitude e botou o cinto. O carro deu PT e nós saímos ilesos. Não tenho dúvidas de que foi o conselho da Vivian que salvou nossas vidas.

Vivian tinha a voz da coerência, uma mulher com muita sabedoria. No auge da raiva, as palavras dela reviraram o meu ódio e pinçaram lá de dentro um fiapo de sensatez. Esfreguei os olhos e respirei fundo.

— Bota a sua roupa! — ordenei à menina, preenchendo cada sílaba com um ódio mortal.

Enquanto ela tirava o meu blusão e botava sua roupa, uma camisola suja e esfarrapada, perguntei:

— Como é que você entrou aqui?

— Eu fui ao chaveiro.

— Que chaveiro?

— O Mangueira.

O Mangueira era um amigo do meu pai que me viu crescer, fazia samba lá no Coroado. Eu me senti traído quando entendi que a mina havia violado a minha residência com o apoio de alguém tão próximo, da minha própria comunidade, que me conhecia desde moleque.

— Mas o que você falou para o Mangueira? — eu precisava entender como as coisas haviam acontecido.

— Eu disse que era sua mulher, que você tinha ido para a África e prometi dar trezentos reais pra ele.

Mangueira era um idiota mesmo. Deixou-se enrolar pela promessa de uma menina de quatorze anos.

Para mim já era o bastante. Segurei-a pelo braço e fui rebocando a mina para fora da minha casa.

— Vivian, não saia daqui! — exclamei. — Não abra essa porta para ninguém, ouviu bem? Ninguém! — ordenei antes de sair, deixando-a totalmente desorientada e no mais absoluto terror. E ficou muito pior quando, minutos depois, metade da CDD começou a esmurrar a nossa porta para saber o que estava acontecendo.

Já na rua, vi o Mangueira surgir na esquina. Quando se deu conta, ele veio correndo.

— Pô, Bill, vim aqui porque fiquei desconfiado dessa garota! — ele disse, em autodefesa, numa clara tentativa de me enrolar.

Com a menina em uma das mãos, minha vontade foi pegar o Mangueira com a outra e bater com um no outro, como dois pratos de uma banda marcial. Eu sabia que se o caso chegasse ao conhecimento da Boca de Fumo, a chapa ia esquentar feio. Na lei da favela, a punição para uma ocorrência dessa era, no mínimo, amputação ou coisa assim.

Dessa vez, a Vivian nem precisou me dizer nada. Quase que por telepatia, eu entendi que não era o melhor caminho. Eu não queria carregar o peso de uma violência dessas nas costas.

Xinguei o Mangueira todo, ele disfarçou e fez o maluco. Saiu correndo, em fuga.

— Onde é que você mora? — perguntei à menina.
— Del Castilho.
— Qual é o nome da sua mãe?
— Tânia.
— Me dá o telefone dela.

Quando a mãe da garota chegou, entendi tudo. A menina tinha sérios problemas mentais e estava viciada em drogas. Ela me viu num programa de TV, depois foi atrás de mim num evento de que participei no CCBB, mas era o dia errado, e a mina se frustrou. Criou uma história na cabeça. Uma fixação comigo. Uma viagem muito errada. Passou a frequentar a Cidade de Deus, perguntando sobre mim, até descobrir onde eu morava. Antes de abordar o Mangueira, a doida havia tentado arrombar a minha porta com uma picareta e uma garrafa de álcool. O Jociney, meu vizinho, viu tudo e a impediu. Mas, quando saiu para trabalhar, a mina foi ao chaveiro.

A mãe da garota insistiu em pagar pelo prejuízo, mas não era esse o caso. O meu grande ressentimento era a invasão de privacidade e, pior, o fato de o Mangueira, alguém que me conhecia tão bem, ter facilitado tudo, pela promessa de receber trezentos reais de uma desconhecida. Perceber minha vulnerabilidade, dentro da minha própria casa, o meu templo sagrado, e o quão suscetível eu estava nas mãos daquela menina que poderia, sei lá, ter botado fogo em tudo, foi um trauma que eu e Vivian levamos um bom tempo para superar. Por semanas, tive visões terríveis da menina no meio da sala, vestida com as minhas roupas. Justo eu, que sempre achei a Cidade de Deus o lugar mais seguro do mundo.

Meses mais tarde, fui fazer um show no Mello Tênis Clube, na Vila da Penha. No fim da apresentação, o Pedro, meu produtor na época, entrou no camarim todo esbaforido, com os olhos arregalados.

— A menina está aí fora.

— Que menina? — eu quis saber.

Antes que ele respondesse, minha ficha caiu. Olhei para a Vivian em busca de uma direção.

— Ela está com a mãe — Pedro avisou, cabreiro. — Perguntaram se podem entrar no camarim.

Pode parecer bizarro e até contraditório, mas por um momento me ocorreu que receber a menina fosse uma boa maneira de ressignificar essa história, passar uma borracha no trauma de ver minha casa invadida e enterrar esse assunto de uma vez por todas. Eu conhecia inúmeras histórias de fãs enlouquecidos que matam, cometem suicídio e todo esse tipo de loucura. De alguma forma, concluí que recebê-la no camarim era o mesmo que exorcizar um fantasma.

Olhei para a Vivian em busca da confirmação. Nós sempre tivemos uma relação de muita transparência, não precisávamos de palavras, nos conhecíamos nos gestos mais sutis. O olhar que ela me lançou não deixou dúvida: Vivian reprovava qualquer iniciativa de reencontro com a menina.

Cada um tem seu tempo.

— Pode mandar ela entrar — decidi, pagando pra ver.

Claramente sob efeito de remédios, a menina entrou acompanhada da mãe. Observando-a pela segunda vez, ela parecia menor e mais magra. Mais fragilizada, talvez. Abracei a menina com toda sinceridade, emanando positividade e os meus melhores sentimentos. Estaria mentindo se dissesse que não esperei um esfaqueamento, um jato de ácido na cara ou um disparo à queima-roupa. Mas, para minha sorte, nada disso aconteceu.

— Eu queria uma foto com você — a menina pediu, mirando a câmera em cima da bancada. Era da Vivian, que rapidamente passou a máquina às mãos da primeira pessoa que viu na frente, e depois sumiu porta afora, desaparecendo como num passe de mágica. "Você querer receber a mina, vá lá. Esperar que eu fotografe o momento já é demais", Vivian me diria mais tarde.

Quando a menina saiu do camarim, levando com ela sua insanidade, foi embora também o meu trauma. Acreditar no melhor das pessoas não é fácil, mas ainda é o melhor caminho.

Acesse mais informações sobre o capítulo escaneando ao lado ou acessando o link:

https://youtu.be/BTMiGaPV7hc

CAPÍTULO 21
DEU RUIM

Tudo que começa bem, pode terminar mal. Mas tudo que começa mal, acaba pior ainda. Eu devia ter levado essa expressão mais a sério assim que desembarcamos em Aracaju, no aeroporto de Santa Maria.

Com nossas malas na mão, o Nino perguntou só para checar:

— Bill, você está com as outras passagens aí, certo?

— Que passagens?

— As de volta.

Apalpei todos os bolsos da minha calça.

— Não tem passagem nenhuma comigo — respondi, seguramente.

— Eu te dei as passagens lá no Rio, lembra?

Eu me lembrava. Ele havia me dado as dez passagens de ida, de toda a banda. Antes de distribuir a cada um, destaquei os canhotos e joguei fora.

— Então, havia vinte passagens ali — o Nino prosseguiu, e eu torci para ele não dizer o que eu tinha certeza que ele diria. — Eram dez de ida e dez de volta.

"Fodeu. Joguei as passagens fora!", minha ficha caiu e eu senti até uma tontura ao me dar conta da merda feita.

— Era passagem aquilo? — perguntei, idiotamente. — Cara, eu achei que eram só os canhotos... Joguei tudo fora.

— Como assim, Bill? — o Nino não acreditou.

— Joguei lá no aeroporto do Rio — confessei, sem-graça.

Nino botou a mão na cabeça. Posso apostar que, mentalmente, ele contou até dez.

Depois, respirou fundo, deu um sorriso e começou uma intensa maratona de ligações, envios de comprovantes e conversas intermináveis com atendentes de telemarketing. Eu adoraria ter alguém para botar a culpa, mas fiquei bem na minha, porque, sem dúvida, o vacilo era meu. Morremos numa grana. Naqueles tempos distantes, essas transações ainda não eram feitas de forma eletrônica. Era tudo na base do papel.

Nino se fodeu todo para resolver.

O show estava marcado para a noite, uma apresentação superaguardada, organizada pela CUFA de Aracaju. A expectativa geral era um show para ficar na história. Minha, da produção e do público. Mas sendo uma apresentação de rua, não havia muita estrutura. Basicamente, a van que nos levou serviu como camarim e, em determinado momento, quando a porta se abriu, saímos em grupo e fomos escalando a multidão até o palco. Uma missão extremamente complicada, com a galera tentando pular, abraçar, falar, agarrar e encostar na gente. Foi preciso foco para traçar uma linha e segui-la. Quase vinte minutos depois, conseguimos atravessar os cem metros que nos distanciavam do palco.

Lá de cima, era impossível distinguir o limite das ruas. O mar de gente colorida dava a impressão de que o palco flutuava. Visões como essa sempre me ensinavam muito sobre a força do rap, a força da vida, a força de sorrir na contramão. Pena que durou tão pouco. Na metade da primeira música, notei um grupo de dez ou quinze pessoas saindo no braço, no meio da multidão.

Parei na hora.

— Pô, mano, você que tá aí embaixo brigando, sua atitude prejudica quem tá a fim de curtir o show, tá ligado? — dei o papo reto. A galera me aplaudiu.

— Se a porrada continuar, amanhã os noticiários vão dizer "que teve porrada em show de rap", "que a favela não sabe se comportar"... É essa manchete que vocês querem? Se liga aí, rapaziada!

Foi retomar a música para a galera voltar a brigar.

Parei de novo. Só que um pouco mais puto.

— Porra, gente, por que vocês não vão brigar em outro lugar? Se querem se matar, façam isso em outro lugar, vocês não respeitam as famílias que estão aqui? — perguntei, enfurecido. — Não precisa de música para brigar não! Aqui vocês estão atrapalhando o andamento do bagulho, porra!

Pela segunda vez, retomei o show. E, exatamente como na vez anterior, só foi eu entoar a primeira nota, para a sessão de socos, chutes e pontapés recomeçar. Fiquei puto pra caralho. A energia maneira já tinha ido para o saco. Os caras do porradeiro me ignoravam solenemente. A lógica era: eu cantava, eles brigavam. Eu interrompia, eles paravam.

Contrariando todas as expectativas, aquele show ia ser difícil. Um estresse fodido, e eu ainda não tinha conseguido nem completar a primeira música. Na terceira interrupção, até eu me surpreendi. Do canto direito do palco, vi surgir um grupo de vinte policiais em fila. Todos de capacete, colete e cacetete na mão. Foi uma porrada para cada um, até para quem não estava na briga. No corre-corre, o risco do pisoteamento, gritos, a galera em pânico.

De repente, lá de cima, vi o clarão aberto na multidão crescer, crescer, crescer... Até aumentar de um jeito que não restou mais ninguém. Foi uma debandada geral. Só restaram eu e a banda.

Pronto.

A briga tinha acabado.

E o show também.

Olhei para os meus companheiros e pude ver no rosto de cada um o reflexo da minha própria frustração. Das três músicas ensaiadas, cantei apenas meia. Desnorteado, desci do palco como quem acabara de ser nocauteado e buscava recobrar a consciência dos últimos acontecimentos. É decepcionante quando se constroem planos em cima de grandes expectativas e depois se percebe que grandes mesmo eram só os planos.

— Desculpa aí, Bill! Desculpa aí! — o pessoal da produção repetia sem-graça, enquanto guardávamos nossos equipamentos para ir embora. Todo mundo absurdamente constrangido.

Saí sem falar nada, porque não havia o que falar mesmo. Antes de a van fechar a porta, ainda consegui ouvir um grupo de pessoas gritar:

— Aracaju não é isso não, Bill!

Eu sabia que não era. Já tinha ido a Aracaju outras vezes e sempre fui super bem recebido pelos sergipanos, tinha uma ótima impressão.

Naquela noite fui dormir chateado, pensando que a violência é sempre uma derrota. Tem muito mais a ver com fraqueza do que com força. Não era a primeira vez na vida que eu topava com essa constatação. Mas era a primeira vez que, de alguma forma, me senti parte do contexto, de certa forma propiciando o bagulho. Justo eu que sempre preferi a perseverança à violência.

No dia seguinte, o nosso voo foi cancelado e a previsão de espera por uma nova aeronave era de quatro horas. Quando finalmente chegamos ao Rio, pegamos um táxi no Galeão. Um calor do caralho, o Nino pediu ao taxista que ligasse o ar.

— Ligo se eu quiser.

— Oi? — eu e Nino falamos juntos, sem acreditar no que os nossos ouvidos acabavam de escutar.

— O ar-condicionado é para o meu conforto — o motorista declarou, com toda a arrogância. — Não é minha obrigação ligar o ar.

— Como é que é? — perguntei. Não era possível.

— É isso mesmo. Eu ligo o ar se eu quiser.

— Porra nenhuma! — engrossei. — Eu aposto que você pega um monte de gringo por aí e não dá essa resposta escrota.

Ele ligou. Mas avisou:

— Olha, eu até vou ligar o ar-condicionado. Mas saiba que é porque eu quero!

— Você vai ligar essa porra porque a gente está pagando pelo serviço.

— Quer saber? Não quero mais vocês no meu carro — ele decidiu. — Eu vou parar no pedágio e vocês vão descer!

— Não, não! A gente vai descer é agora!

No meio da Linha Amarela, debaixo de um sol escaldante, eu, Nino e nossas malas levamos tempo para conseguir um outro motorista. Finalmente, quando um novo táxi parou e conseguimos embarcar todas as nossas bagagens, veio a pergunta fatídica:

— Vocês vão pra onde?

— Cidade de Deus.

— Cidade de Deus?

"Puta que pariu...", já pensei.

— É, mano, Cidade de Deus!

— Sabe o que é? — ele introduziu. — É que Cidade de Deus eu não vou não...

— Porra, tio, por que você não falou isso antes?

Irritado até dizer chega, comecei a tirar as malas do carro. "A hora de bater a porta será a minha grande e única oportunidade de vingança", calculei friamente. Investi tanta força na batida da porta que quase desloquei o braço. Por uma fração de segundos, senti um prazer infinito. Mas, no instante seguinte, me vi ainda mais puto, quando o barulho da porta não causou o impacto que eu queria. "Plic!", foi o barulho que a porta fez, como se renegasse toda a força e energia que investi. Nino não falou nada. Claro, me conhecia o suficiente para saber que eu estava puto no grau máximo.

Debaixo do sol de meio-dia, no meio da Linha Amarela, eu credito à sorte a alma boa do taxista que logo depois encostou, apanhou nossas malas e finalmente nos levou à CDD. Para extravasar, vim xingando todo o trajeto, repassando tudo o que tinha dado errado. Um desabafo mesmo. Falei das passagens que eu joguei fora, do show que não aconteceu, das horas de espera no aeroporto, do primeiro taxista sem-noção, do segundo taxista sem-noção...

— E o que me deixou mais puto foi que eu tentei dar uma porrada na porta do carro dele, mas não consegui! — reclamei, no auge da fúria.

Foi a única hora que o Nino abriu a boca:

— Sabe por que a porta dele não amassou, Bill? — Nino introduziu com um tom de voz baixo. — Porque você acertou a minha mão com a porta dele.

Arregalei os olhos. Olhei a mão do Nino. Parecia um hambúrguer na chapa. Enorme, inchada e vermelha. Senti um misto de pena e vergonha, que também veio revestido de uma puta vontade de rir. Porra, que sacanagem! Mas me segurei e pedi um milhão de desculpas. Botei os óculos escuros, foquei na paisagem lá fora e preferi não comentar. Torci apenas para chegar logo em casa e esquecer aquele dia.

Foi mal, Nino!

Acesse mais informações sobre o capítulo escaneando ao lado ou acessando o link:

https://youtu.be/um88SzeeynA

CAPÍTULO 22
COMERCIAL DA TELEMAR

Muito antes da explosão da telefonia celular no Brasil, numa época em que internet era apenas ficção científica, e nós precisávamos nos comunicar para articular oportunidades e contatos, o orelhão era o nosso principal meio de comunicação. O único, na real. O telefone público tinha papel fundamental nas nossas vidas. Aliás, era bem raro — para não dizer impossível — encontrar um orelhão sem fila na favela. Só mesmo na madruga, que, aliás, era a melhor hora para as nossas gambiarras. Espetávamos um gancho com um fone, plugávamos no fio atrás do aparelho, e falávamos à vontade. Ilimitadamente. Porque era chato pra caralho estar no orelhão, tratando de um assunto sério, falando com alguém importante, e a pessoa atrás, na fila, bufando no nosso pescoço, estalando boca, batendo o pezinho... "Nossa, que demora! Compra um telefone para você, pô!", já ouvi muito.

Até que o celular se tornasse realidade, o orelhão encurtou muitas distâncias, esteve sempre presente em minha carreira. Posso dizer que o orelhão que ficava perto das lojinhas dos apartamentos foi praticamente o escritório do Geração Futuro. Além de ter feito parte da gravação do clipe *Traficando Informação*, esse orelhão foi destaque também na letra de "Contraste Social", quando narro a morte da mina que estava na fila do orelhão e foi atingida pela bala perdida de dois policiais que entraram na favela. Gostaria muito de poder dizer que essa letra foi apenas ficção, mas não é verdade. Eu, aliás, presenciei toda a cena, com a rapaziada lá na praça. Um corre-corre do caralho, todo mundo se jogando no chão. De longe, vimos o clarão do calibre 12 do policial Carmindo cuspindo fogo. O corpo da mina foi retirado, mas o rombo no orelhão ficou para sempre. Acho que era para a gente não esquecer que viver na favela requer atenção.

O fato é que o orelhão sempre foi muito importante para nós, e alguém lá na Telemar, a concessionária de telefonia da época, se ligou nisso. A empresa investia muitos recursos em reparos causados por ações de vandalismo nos equipamentos e percebeu que era urgente uma ação de conscientização. Eu tinha acabado de lançar o disco *Traficando Informação*, e o convite para fazer a campanha pelo bom uso dos orelhões chegou a mim através do Celso.

— Pô, maneiro! — curti de cara.

As negociações sobre o cachê e as condições empresariais foram perfeitamente conduzidas. Todas as partes satisfeitas e de acordo. A treta começou quando vieram à mesa as condições artísticas, a parte musical propriamente dita. Aí começaram os problemas.

— Escuta, nós temos um produtor ótimo lá na Barra da Tijuca, que trabalha com publicidade, já fez vários trabalhos aqui para a empresa... — introduziu o cara de marketing da Telemar. — Acho que vocês poderiam conversar com ele, ele já tem algumas batidas prontas e...

O Celso interrompeu na hora.

— A batida tem que ser nossa!

— Mas é que...

— O Bill só canta em cima das batidas dele, irmão. — Celso nem gaguejou.

— Sim, claro. Mas eu acho que seria bacana vocês irem lá no estúdio desse produtor. Vão lá conhecê-lo! Sem compromisso — o cara insistiu. — Ele é muito bom, vocês vão gostar!

Não íamos. Já estávamos decididos a não gostar do cara.

Lembro que, até então, a nossa participação no comercial estava só no apalavrado. Ninguém havia assinado contrato. Nenhum dinheiro estava na conta. Nós nem tínhamos ouvido a batida do cara, mas o "Não gostei" já estava na ponta da língua.

Nossa marra era lá no teto.

Com muita insistência fomos ao tal estúdio, uma estrutura bacana lá na Barra. Quando a porta se abriu, o cara nos recepcionou:

— Grande Celso! Meu irmão! Que alegria te receber aqui, meu parceiro! — o cara veio de braços abertos, todo sorridente, feito um sambista na Sapucaí. — Você também, MV Bill, meu querido!

— E aí. — Celso respondeu com a doçura de um limão.

— Entrem! Entrem! — o cara foi nos conduzindo para o interior do estúdio. — Que maravilha! Que honra receber vocês por aqui!

— Mostra a batida pra nós aí. — Celso foi direto ao ponto.

— Claro.

Como um balão de gás furado, as firulas do cara foram murchando, murchando... até virarem um puta constrangimento. O cara sacou que não estávamos lá para perder tempo. O rosto dele foi ficando vermelho igual um caqui. Branco é foda, se fica sem--graça a cara logo entrega. Mil justificativas até mostrar a porra da batida.

— Antes de botar a batida para vocês, eu só gostaria de explicar que... — ele entoou uma conversa justificadora, comprida pra caralho.

Na minha cabeça, eu gritava: "Aperta logo esse play, porra!"

A primeira batida que ele mostrou, não ouvi nem dez segundos. E não foi porque eu estava preparado para rejeitar não. É que era ruim mesmo. Sem pegada, muito longe de atender ao que tínhamos em mente.

Então ele mostrou mais uma batida. Inacreditavelmente, a segunda conseguiu ser pior que a primeira.

— A gente vai ter que produzir do zero, irmão — decretei, porque eu não ia passar a tarde toda ali ouvindo batida meia-boca.

— Mas eu tenho outras! — ele ainda insistiu. — Você não quer ver?

Olhei para o Celso. Não dissemos nada. No nosso silêncio, o cara mostrou mais um monte de batidas.

— Gostou dessa?

— Não.

— E dessa?

— Também não.

— Ouve essa.

— Tá bom. Pode tirar.

Celso precisou intervir:

— Aí, numa boa, vo-vo-você vai mostrar mil batidas! Mas essa pa-pa-parada só vai dar certo com a batida que o Bill fi-fi-fizer.

Já havíamos perdido muito tempo naquilo. O cara sacou que não ia nos entubar uma batida qualquer para facilitar a vida dele. O mais inteligente era iniciar um novo processo de construção. Então, utilizando o mesmo método que usei na gravação de *Traficando Informação*, fui fazendo os sons com a boca enquanto o cara ia tocando. Apesar da nossa marra, o cara foi se ligando que a gente entendia do bagulho. Foi reconhecendo aos poucos.

— Nossa, tá ficando ótimo! — elogiou enquanto produzíamos. — Posso ver a letra? — pediu, cheio de ansiedade.

— Não! — neguei de pronto. — Vamos fazer a batida primeiro, irmão! — eu sabia que se cantasse a letra, à capela, sem a batida, não alcançaria o impacto necessário. Por outro lado, se eu cantasse em cima da batida errada, não daria certo. Ou seja, eu só poderia mostrar a letra diante da batida perfeita. O Celso nunca entendeu muito de rap, mas sempre sacou de música em geral. Ele confiava em mim pra caralho. O que eu cantasse, ele endossaria. Portanto, quem sabia ali era eu.

Finalmente, a batida nasceu. E quando se juntou à letra, foi o casamento mágico.

Emergência, vítima de violência.
Indivíduo na calçada
Sem socorro ou consequência
Falta de consciência, vacilação!
Se liga irmão, para que quebrar o orelhão?

Todo mundo gostou.

Todo mundo, menos a galera engravatada do escritório. Preocupados com o politicamente correto, os executivos da Telemar nos chamaram para uma reunião.

— Essa letra usa expressões muito pejorativas. Achamos que "vacilão" tem uma conotação ofensiva demais.

— Como é que é? — Celso disse, incrédulo, na sala da diretoria.

— Veja bem, parece que a letra acusa as pessoas das comunidades de quebrarem os orelhões.

Quando alguém começa uma frase com "Veja bem" eu já fico bolado. Mas, dessa vez, minha vontade foi de rir.

Eu até entendia a preocupação deles, mas... como é que eles esperavam que eu comunicasse a mensagem de conservação do orelhão à galera da favela? *Por obséquio, poderiam fazer a fineza de não depredar o vosso telefone público?* Fala sério! Certas coisas são inegociáveis. Eu me recusei a fazer qualquer alteração na letra. Especialmente, porque diziam respeito à minha linguagem, à minha cultura e à maneira de eu me colocar. Eles não tinham a menor ideia de como passar a mensagem que queriam passar. Mas eu tinha. E não havia outra forma de ser entendido na favela senão aquela, usando a linguagem que eu sabia que seria assimilada.

Levantei-me da mesa e cheguei a pensar que os caras iam dar para trás na minha contratação para a campanha. Um artista mais comercial, popular que fosse, talvez desse menos trabalho.

Mas, contrariando minhas convicções, o contrato foi assinado. Mais que isso: a cúpula da empresa deu carta branca para o meu posicionamento. Fomos em frente.

O próximo passo era a produção do vídeo que iria para a TV. Quando a equipe da agência contratada nos apresentou o roteiro na reunião de criação, Celso empurrou os papéis sobre a mesa, na direção do produtor-chefe, e deu uma zoada.

— Quem fo-fo-foi que fez esse roteiro aí? — Celso deixou transparecer o sorriso debochado.

Os caras também riram. Só que de sem-graça.

Celso escancarou:

— Pô, vo-vo-vocês devem ter pago o maior dinheirão nesse roteiro aí, foi não? — ele disse, jogando o corpo para trás na cadeira giratória da produtora. Ao fim, completou: — Pois é. Mas o Bill não vai fazer nada disso.

Basicamente, eles tinham uma ideia cheia de estereótipos e exageros, que nem de longe dialogavam com a minha arte e a minha música. Eles me imaginavam vestido em tons fluorescentes, de boné com a aba pro lado, com um imenso rádio no ombro, colado ao ouvido, dançando pelos becos da favela. A gente negava na hora e caía na gargalhada depois. Além disso, a música tinha outro clima. Uma pegada mais tensa, mais sombria, muito distante da levada dançante para a qual eles escreveram o roteiro.

— Irmão, o Bill não vai fazer essa porra não. — Celso repetiu, com a maior tranquilidade, pegando um copinho de água mineral no frigobar. — Me dá aí uma ca-ca-caneta, que eu vou escrever como é que vai ser. Depois você pa-pa-passa lá para o seu roteirista. Se ele tiver alguma dúvida, ma-ma-manda falar comigo, valeu?

Celso mexeu no roteiro todo. Mudou tudo. Inclusive, o diretor.

— Eu vou ter que avisar o elenco... — o produtor-chefe avisou.

— Avisar quem? — Celso se interessou.

— O elenco.

— Que elenco?

— Um elenco de vinte pessoas que a gente contratou para botar em cena.

Celso o corrigiu.

— Vinte não. Só dez.

— Como assim?

— As outras dez, a gente que vai trazer.

— Mas a gente já chamou as vinte!

— Dá o teu jeito, irmão.

— Mas a gente já convidou todo mundo!

— Desconvida, ué.

No dia da gravação, estavam lá Kmila CDD, Kamikaze, Nega Gizza... a favela toda! Eram dez cabeças nossas, que, coincidentemente, eram praticamente as únicas pessoas pretas do clipe. Digo "praticamente" porque no grupo dos dez trazidos pela agência tinha um maluco de dreads, o Jimmy Luv — grande Jimmy Luv! —, que depois virou meu amigo. Basicamente, a agência que organizou a produção do clipe só chamou pessoas próximas deles. Moral da história: ninguém preto, claro. Qual a novidade?

A locação escolhida foi uma passarela atrás da Rodoviária Novo Rio. Celso passou a gravação inteira arranjando formas de fazer os nossos dez se sobressaírem. Se era uma cena comigo e os vinte atrás, Celso dava um jeito de me botar em primeiro plano, no segundo plano os nossos dez e, no fundo, passando lááá no fundão, os dez da agência.

Celso interveio em todos os detalhes.

— Tenta pegar o Bill nuns mo-mo-momentos naturais, cara. — Celso soprou no ouvido do diretor, nos bastidores. — Pega o Bill sem estar cantando para a câmera, ca-ca-capta outros momentos dele.

Justiça seja feita, o cara acatou tudo. Até mesmo quando o Celso cismou que eu tinha que tirar a camisa.

— Faz um take do Bill sem ca-ca-camisa. O Bill tem que aparecer sem camisa nesse vídeo!

Eu fiquei quieto e em dúvida.

— Mas é um comercial de TV... — o diretor ponderou.

— Faz aí, parceiro. Depois, se vo-vo-você não gostar, não usa. É melhor ter do que não ter, tá ligado? — Celso virou o diretor do bagulho.

E lá fui eu tirar a camisa.

Eu sempre fui magrelo, mas a genética do meu pai sempre nos favoreceu. Depois da apresentação de "Soldado do Morro" no *Free Jazz*, Celso me convenceu a repetir a atitude de tirar a camisa toda vez que eu cantasse a música, como se fosse uma marca. Eu tirei a camisa na Hebe, no Serginho Groisman, na Galisteu... enfim, conselhos de Celso. Aliás, foi por conselho dele também que comecei a malhar para driblar a insegurança de tirar a camisa assim, em tantas ocasiões.

Finalmente, quando o produto ficou pronto, uma verdade se revelou para todos nós: o comercial virou um videoclipe do MV Bill. Sim, até podíamos chamar aquele material de propaganda, mas era muito mais um videoclipe meu do que qualquer outra coisa. "Dessa vez a empresa não vai deixar passar", pensei com toda certeza.

E mais uma vez me enganei.

O lançamento do comercial foi no intervalo do *Jornal Nacional*. O William Bonner anunciou uma notícia qualquer e falou: "Veja a seguir, depois dos comerciais". Então, com um beat pesadão, eu e minha galera invadimos as televisões do país inteiro. Era a versão de um minuto, no horário nobre da televisão brasileira. O meu telefone bombou! Só não explodiu mais que a minha agenda de shows. Nem com a música "Soldado do Morro" me vi tão popular, especialmente nas favelas. De uma maneira despretensiosa e surpreendente, esse comercial me levou para um outro nível, me projetou para o público favelado de todo o Brasil. Comecei a ser contratado para me apresentar em favelas, e era a música do comercial da Telemar que abria e fechava os meus shows. Todo mundo cantava. Troço impressionante.

Nós estávamos em Porto Alegre e a repercussão do comercial nos dias seguintes foi tão forte, que a afiliada da Globo lá no Sul me caçou para gravar uma entrada ao vivo, no *RJ TV*. Do lado da repórter gaúcha, ouvi a apresentadora lá no estúdio anunciar minha chamada:

— Vamos trazer agora a nossa repórter que está, neste momento, com o garoto-propaganda da campanha contra a depredação dos telefones públicos, o rapper MV Bill.

A repórter sorridente e eu entramos no ar.

— MV Bill, conte para nós, como é que foi estrelar esse comercial?

Por dentro eu estava vibrando pra caralho. Mas, por fora, a marra de sempre.

— Primeiramente, eu gostaria de esclarecer que não sou garoto-propaganda de nada não. — esse foi o meu "bom dia", a minha primeira frase na TV. — Mas essa é uma luta importante, porque o favelado é quem mais sofre com a falta do telefone — disse, seco, com uma expressão de pedra.

Ao fim da entrevista, quando a luz da câmera apagou, a repórter comentou, embasbacada:

— Nossa! Que grosseria! — mas seu tom não era de crítica. Era de admiração. A moça estava impressionada com a minha capacidade de ser grosso.

De fato, não havia a menor necessidade de eu ser ortodoxo naquele grau. Mas, na época, isso era o que eu tinha para oferecer. Eu estava feliz à beça com a repercussão, mas sentia como se os meus posicionamentos carecessem sempre de uma atitude agressiva, seja para endossar a mensagem ou para justificar qualquer crítica futura.

E minha alegria não parou por aí. Meses mais tarde, voltei a sentir um orgulho fodido desse trabalho, quando recebi lá no escritório a carta de agradecimento da empresa, pela contribuição significativa na conservação dos telefones públicos. Os relatórios atestavam a redução dos casos de depredação a orelhões. Uma economia considerável — especialmente porque esses números de redução se observavam nas favelas.

Foi bom pra caralho.

Sem vacilação.

Acesse mais informações sobre o capítulo escaneando ao lado ou acessando o link:

https://youtu.be/iT_uWt9r-9g

CAPÍTULO 23
DOMINGÃO DO FAUSTÃO

Sempre recebi muitos convites para participar de programas de tevê. Nem todos atendi. Alguns por falta de agenda, outros por falta de convicção mesmo. De mergulho na banheira, para achar sabonetes com uma modelo me segurando, a jurado no concurso do Rambo Brasileiro, eu recebi de tudo. E recusei de tudo também. Foi o caso do Faustão, cuja produção passou anos me ligando com convites que sempre me deixavam com a pulga atrás da orelha. "Tá, e por que eu iria lá?".

Em 2004, no entanto, o papo deles mudou, e eu passei a pensar: "Tá, mas por que não?".

Quem me fez pensar duas vezes foi a Ângela Sander, diretora do *Domingão do Faustão* à época. Ângela surgiu com uma conversa diferente, não era só cantar. Era cantar e contar a minha história. Falar da minha raiz, da CUFA, expor meus pensamentos... desmistificar as coisas. Por conta do videoclipe *Soldado do Morro*, eu sofria fortes acusações de banditismo. Sim, ir ao programa era uma puta oportunidade de meter a cara no maior canal de TV do Brasil e dar o meu papo. Em horário nobre! Mas eu também não estava de bobeira, já era gato escaldado. Se a Ângela queria mesmo a minha participação, precisaria conhecer o meu mundo.

Ela topou. E antes que eu pusesse os meus pés no palco do programa, fizemos questão que a Ângela rodasse todas as bases da CUFA. Fomos a Acari, Complexo do Alemão, Cidade de Deus e Madureira. Até ao baile funk da Mangueira levamos a Ângela. Porque era fundamental que ela entendesse o que a gente fazia, quem a gente era. Eu não queria simplesmente ir ao programa e cantar, como um artista comum. Eu queria me expressar. Eu não queria espaço. Eu queria voz.

A Ângela sacou tudo, era uma mulher muito sagaz.

Para o programa, levamos uma banda gigante, com três violinistas, metais, percussão, além do DJ e minha fiel escudeira, Kmila CDD. No camarim, um clima tão tenso, que o estresse praticamente podia ser contado como mais uma pessoa presente. Ninguém falava nada. Uns sentados na poltrona, outros olhando para o teto, e eu andando de um lado para o outro como uma fera enjaulada. Parecia que eu estava prestes a entrar num ringue de luta. O programa era ao vivo, eu não conhecia o Fausto, havia passado a vida toda ouvindo dizer que ele não dava espaço aos convidados. Ele mesmo perguntava, ele mesmo respondia. Esse método, é claro, não ia funcionar comigo. Além do mais, eu nunca tinha ido a um programa com tanta audiência ao vivo, sem corte, sem edição.

— Caraca, o que foi que eu vim fazer aqui? — me perguntei baixinho quando, no auge da tensão, a porta do camarim se abriu e dela vi surgir o galã global da época. Alto, forte e louro, reconheci na hora, por causa das novelas a que minha mãe assistia lá em casa enquanto descascava legumes no sofá.

— Opa! — o cara não entendeu nada quando deu de cara com a gente no camarim. Seus grandes olhos azuis correram na direção de cada um de nós. — Cadê as meninas? — ele perguntou.

— Meninas? — eu repeti, sem entender. — Que meninas?

— Só tem vocês aqui?

— Sim.

Nem sei se ouviu, porque no instante seguinte a porta já tinha fechado, e ele desaparecido.

Sinceramente, nunca entendi o que ele realmente procurava. Também não tive nem tempo para pensar nisso, pois rolou o sinal da produção na sequência.

— Para o palco, pessoal! Vocês entram em dois minutos, logo após o break. — a moça com o headphone e prancheta na mão nos avisou.

Quinze minutos era o tempo disponibilizado à nossa apresentação. Havíamos ensaiado duas músicas para apresentar no palco: "EMEVI", com uma batida mais dançante, que fala sobre mim, e "Só Deus pode me julgar", com quase sete minutos de duração — uma letra bem contundente, nada comercial e muito diferente do que normalmente se ouvia no programa. Havíamos encaminhado ambas as letras à produção semanas antes, por isso partíamos do pressuposto de que eles estavam ok com o som que íamos tocar.

Faltando trinta segundos para a nossa entrada, vi de trás da coxia a Ângela puxar o Celso num canto com um alerta. Ela falou baixinho, entre os dentes, mas eu pude compreender perfeitamente.

— Escuta, o Fausto não usa ponto eletrônico. Ele não obedece a nenhuma ordem, de diretor nenhum. Só se guia por aquelas anotações que passam o programa inteiro na mão dele. Então, já vou avisando: tudo pode acontecer!

Assimilando o recado e olhando bem dentro dos olhos dela, Celso mandou:

— Ângela, você doma o seu leão, que eu domo o meu. Lá na selva é com eles — disse, *sem gaguejar*.

Não teria dado tempo para qualquer ponderação. No instante seguinte, o Faustão já anunciava a minha entrada ao palco, num discurso de dois minutos, que falava sobre preconceito, minorias, medo da verdade e, antes de tudo, evidenciava o que, de fato, representava para eles a minha presença ali.

— Primeiro, preste atenção, depois você vai ver se a gente não tem razão. E porque que a gente tá abrindo esse espaço aqui, correndo todos os riscos, às sete e trinta e sete da noite, para: M...V... BILL — Fausto anunciou, num tom um pouco mais sério que o habitual.

Sob os aplausos do auditório, a admiração do meu bonde e o temor da produção, entrei no ar. Eu sabia que o meu ar sisudo, de poucas palavras, combinado com a roupa larga vermelha e as tranças nagô que eu usava à época, me transformavam numa figura incógnita e gerava certo desconforto ao pessoal da produção. Meu semblante de poucos amigos não permitia uma leitura fácil; isso incomodava, é claro. Eu era uma interrogação, a charada do domingo. A caixa de surpresas de onde ninguém sabia o que ia sair. Principalmente num programa ao vivo.

Foi por isso que o Fausto ficou tão surpreso quando me deu a palavra, e eu, para espanto geral, correspondi. Desenrolei muito acima da expectativa, que talvez fosse muito baixa. Todos claramente impressionados com a minha capacidade de me comunicar e transmitir ideias. Isso foi construindo uma relação de confiança no jogo ao vivo, como se a cada palavra eu conquistasse um espaço e avançasse uma casa, de forma que a tensão inicial foi dando lugar a um diálogo muito produtivo. Os depoimentos também contribuíram muito. Chorão, Caetano, Ciro Darlan, Luiz Eduardo Soares e Ronaldinho Fenômeno falaram coisas superpositivas a meu respeito. Como eram pessoas de credibilidade e que realmente me conheciam, a fala deles foi importante para endossar a minha posição.

Mas o Fausto tinha lá sua razão. Havia riscos na minha participação no programa, e o maior deles veio na apresentação de "Só Deus pode me julgar", quando a letra dizia:

> Pra quê? Por quê? Só tinha paquita loira
> Aqui não tem preta como apresentadora
> Novela de escravo a emissora gosta
> mostra os pretos chibatados pelas costas

Percebendo o rumo da letra, Fausto desatou a falar por cima, com a música rolando. Enaltecia a minha capacidade de improvisar, apesar de não haver nenhum improviso ali. Era a letra nua e crua, da música que ele tentava camuflar. Eu, é claro, não parei de cantar. Acostumado a cantar sobre a base de artistas estrangeiros no início da carreira, eu era mestre na arte de cantar com alguém falando por cima. Faustão jamais me calaria. E ficou evidente que a produção não ouvira o CD que eu enviara previamente.

No fim de tudo, eu dei foi risada. Não só pelos memes divertidíssimos que a galera na internet criou, mas também — e principalmente! — com as dançarinas do programa se esforçando para encaixar suas coreografias, cheias de passinhos de ballet e piruetas, na minha música. Foi muito legal também ver os meus sobrinhos, criados por mim à época, entrando no palco e interagindo na música. Maneiro demais!

Em 2004, Fausto e Gugu competiam, ponto a ponto, pela audiência do domingo. A produção do programa tinha um medidor que acompanhava o número em tempo real, e a minha participação fez a Globo se manter na liderança por um tempo expressivo. Moral da história: os quinze minutos inicialmente previstos se tornaram quarenta e cinco. Não era costume preto falando tanto tempo, na televisão, ainda mais num domingo. O crescimento da audiência deixou evidente a necessidade que os pretos tinham de se ver na TV.

Uma semana depois, a atriz Glória Menezes estava no programa e mandou:

— Agora você está deixando as pessoas falarem, né, Fausto? — disparou à queima-roupa.

— Eu deixo falar quem tem o que dizer. — ele fez uma pausa. — Como é o seu caso, é claro.

Os dois deram uma longa gargalhada. Eu sabia que, em certa parte, era uma referência a mim.

Ainda voltei ao programa do Faustão muitas outras vezes. Voltei para cantar "Preto em Movimento", no Dia das Mães, para falar do sobrevivente do documentário *Meninos do Tráfico*, e até para dançar, quando participei do quadro *Dança dos Famosos*. A minha maior participação foi um convite para visitar o Haiti, antes do último terremoto, e conhecer o trabalho desenvolvido pelo Exército Brasileiro na região. Cinco dias que me permitiram conhecer um país completamente destruído, repleto de desigualdades, onde os pobres moram na beira do mar e os milionários no morro, e outros contrastes, a começar pela água transparente do mar caribenho e a beira do mar turva, que mais parecia um esgoto a céu aberto. Igualdade mesmo só vi no tom da pele; milionários e miseráveis têm a mesma cor. Impressionante como não vi brancos.

Com o Exército brasileiro pude rodar muito, visitar a abertura de poços, acompanhar distribuições de cestas básicas e conhecer bairros dos mais diferentes, onde se falava francês e creole, um deles chamado *Cité de Dieu* (Cidade de Deus, em francês). Em algumas localidades dominadas por milícias e traficantes, descobri a paixão dos haitianos pelo futebol do Brasil. Muitos bares na periferia, inclusive, exibiam fotos de craques brasileiros em suas paredes.

Mas de todas essas vivências, nada me surpreendeu mais que o biscoito de lama. Ver as pessoas gerando um alimento a partir de lama foi um soco no estômago. Incrível como a fome pode ser uma morte silenciosa, que custa milhares de vidas, mas não gera nenhuma comoção ou debate.

Gravamos todas essas experiências, e no palco do programa tive a oportunidade de falar tudo o que vi e senti, a leitura que fiz dos meus dias no Haiti. Ao fim, cantei a música "Causa e Efeito".

Todas as minhas participações no programa foram muito importantes, mas a primeira foi realmente emblemática. Sem dúvida, devo muito disso à Ângela Sander, que teve sensibilidade e não desistiu de mim. Acabamos nos tornando amigos, e ela chegou a cogitar a possibilidade de um programa de TV para a CUFA, independente do canal, porque tinha total credibilidade no nosso trabalho — ela sempre dizia que a CUFA deveria ser vista por mais pessoas. Por isso, quando Ângela ficou doente, eu e Celso fizemos questão de visitá-la em Porto Alegre, sua cidade natal. A tristeza de vê-la internada só não foi maior que a satisfação de vê-la feliz por estarmos lá.

— O que vocês estão fazendo aqui? — ela perguntou, surpresa, quando entramos no quarto do hospital. — Vieram fazer algum show aqui em Porto?

— Não.

— Palestra?

— Não.

— O que vocês vieram fazer aqui?

— Só te visitar mesmo.

Dois meses depois, Ângela já não estava entre nós.

Apesar de ter visto Ângela doente, em seus últimos dias de vida, a lembrança que ficou registrada na minha cabeça foi a alegria do nosso abraço caloroso, ao fim da minha primeira participação no programa. Um abraço que foi uma descarga de estresse. E falou mais que qualquer palavra.

Acesse mais informações sobre o capítulo escaneando ao lado ou acessando o link:
https://youtu.be/2w9S3dyStko

CAPÍTULO 24
FLORIPA, A ILHA DA MAGIA

Entre 2000 e 2001 visitei muitas cidades pela primeira vez. Curitiba, Salvador, Porto Alegre... Até então eu não tinha muita noção geográfica do Brasil. Eu pensava assim: do Rio para cima é tudo Norte, do Rio para baixo é tudo Sul. Quando então fui à Florianópolis pela primeira vez, eu não entendia estar em Santa Catarina. Para mim, eu estava no Sul, que eu achava ser um lugar só. Um lugar, aliás, que eu ouvia falar ser muito frio, com geada e neve, para onde eu deveria levar casacos, luvas e cachecóis —nunca usei nada disso no Sul.

Na real, eu era grato demais pelo fato de as pessoas curtirem o meu trabalho fora do Rio de Janeiro. Considerava improvável, inacreditável a minha música, carregada de mensagens ácidas, de denúncia e desigualdade chegar a lugares distantes. "Será que num lugar chamado 'Ilha da Magia' vai ter alguém que curta o meu som?", eu me perguntava, incrédulo.

E o pior é que tinha. Muita gente, aliás.

Havíamos sido contratados por um maluco chamado Cláudio Rio, que tinha um programa de TV underground chamado *Nação Hip Hop* e fazia umas histórias meio loucas, umas matérias na área social, com patrocínio de pizzaria, dinheiro de rifa... Tudo exibido na *TV COM*, emissora do Grupo RBS, que reproduzia a Globo em sinal fechado lá no Sul (uma programação com um quê de MTV).

Basicamente, a nossa missão lá em Floripa era visitar favelas, participar de um debate sobre a importância da produção audiovisual, promovido pelo projeto *Cinema na Favela* e, claro, realizar o show. Uma apresentação superaguardada, em frente ao Mercado Público, com apoio da Prefeitura, e público esperado de três mil pessoas.

A receptividade dos catarinenses não podia ser mais calorosa. Rodei a periferia com a equipe do Cláudio e a rapaziada local. Pouca gente preta na rua, a gente andava e chamava muita atenção. Eu tinha muita preocupação em corresponder à moral que a galera me dava, interagindo, trocando ideia. A cada parada, uma nova surpresa com a reverência das pessoas comigo. Na escola de samba, na sinuca do bar, na conversa da esquina... em todo canto em que parei, só ouvi:

— Pô, Bill, me amarro no seu som!
— Sou muito seu fã, cara!
— Aí, Bill, o estado inteiro vai estar lá na praça para te ver!

Vindo do Rio de Janeiro, a ideia de ter o "estado inteiro" num show me deixava meio perplexo. Isso me soava como mobilização meio impossível, algo muito improvável de acontecer.

E foi também por ser do Rio que eu estranhei o comentário de uma autoridade local, presente no debate promovido pelo projeto *Cinema na Favela*. O cara disse com todas as letras que em Florianópolis não havia favela. O que havia, segundo ele, eram "concentrações de pobreza". Mas não favelas. Segurei o riso, para não ser deselegante. Esses caras são uma comédia... em qualquer lugar do Brasil, são todos iguais. Aos meus ouvidos, essa afirmação soou ainda mais engraçada, porque mais cedo eu havia estado no Morro da Mariquinha, no Morro do Vinte e Cinco e no Morro do Mocotó, todos situados dentro de Florianópolis, todos inequivocadamente favelas. Podem até dar outro nome, mas inegavelmente é favela. Da melhor qualidade, aliás.

Na passagem de som, já encontrei uma galera plantada na praça esperando pelo show. Ainda faltavam quatro horas e meia e o público marcava presença. O show prometia! Eu e Kamikaze (o meu backing vocal à época) distribuímos autógrafos, atendemos pedidos de fotos, tudo como se fôssemos celebridades. Não me deslumbrei, nem me impressionei. Mas fiquei muito motivado a fazer o melhor show que eu pudesse, da mesma forma que um popstar gringo que vem se apresentar no Brasil.

No camarim, enquanto eu me concentrava, momentos antes de subir ao palco, um maluco chegou para falar comigo.

— Pô, Bill, maior satisfação te conhecer! — o cara apertou minha mão com vontade. — Vim lá de Joinville! Peguei quatro horas de ônibus só para estar aqui. Curto muito o seu som, cara!

— Maneiro! Valeu! — agradeci.

— Eu trouxe aqui uma camisa do meu time de coração, o JEC, que é o time da cidade. Seria uma honra se você pudesse, sei lá, usar aí no show.

— Claro! — vesti na hora, em agradecimento ao maluco.

Não fiz qualquer ponderação sobre o time e a torcida local. Não pensei em quantos clubes existiam em Santa Catarina, nem tampouco nas possíveis rivalidades entre cada um. Simplesmente vesti e julguei estar usando algo popular do Sul do país.

Cheio de energia, no auge da motivação, foi muito estranho quando entrei no palco e me deparei com um público morno, quase estático, que não engrenava de jeito nenhum. Cantei a primeira música, cantei a segunda, cantei a terceira... e nada. Mais de três mil pessoas praticamente em silêncio, quase todas de cara amarrada. "Bem que falam que o pessoal no Sul é mais contido", pensei lá de cima, enquanto dava tudo de mim sem retorno algum. Essa conclusão, de qualquer forma, me intrigava. Por que a galera nas ruas, horas antes, havia sido tão receptiva, tão calorosa? Era um disparate que toda a euforia que encontrei na periferia se comportasse de maneira tão diferente no show. Fria, desanimada e distante; não fazia sentido. Mas em momento algum liguei a atitude do público à camisa que eu vestia.

No meio da multidão, me chamou a atenção um cara que tentava subir ao palco e era sempre derrubado pelos seguranças. O cara chegava ao palco, gritava, os seguranças o derrubavam e ele caía. Então ele voltava, gritava, os seguranças o derrubavam, e novamente ele caía. Essa sequência se repetiu inúmeras vezes. Até que, por fim, notei sua roupa, um macacão claro, sujo de sangue. Fiquei meio atordoado com a cena do cara ensanguentado. Mas já estava difícil demais levar aquele show e eu tinha experiência de palco suficiente para saber que lá em cima é preciso manter a concentração. Às vezes um momento de distração põe tudo a perder.

Na última música, "Soldado do Morro", fiz um discurso meio baixo, porque o show não tinha sido maneiro, e seguindo o protocolo, tirei a camisa. A galera explodiu! Como se a camisa tivesse acionado um botão de ON no pessoal. Parecia o início do show. Mas já era a última música. Na minha ingenuidade, pensei: "Será que a única música que os caras conhecem é Soldado do Morro?". Foi um delírio, a galera pulando, toda a energia do show extravasada numa única música. A última.

Terminado o show, eu desci e as três mil pessoas vieram em cima de mim. Um pega pra capar do caralho! O Celso virou segurança, a esposa do Celso, a supervisora. Na confusão sobrou um soco na cara para o Kamikaze. Puta sacanagem dar um soco na cara de alguém que usa óculos.

— Porra, negão, me deram o maior socão no olho! — o Kamikaze reclamou com os óculos meio tortos na cara, no meio do empurra-empurra.

Foi tragicômico.

Lutando e conversando, Celso conseguiu abrir um caminho para nós até o camarim. Um alvoroço da porra.

— To-to-todo mundo pra dentro! To-to-todo mundo pra dentro! — ele gritava no nosso ouvido, entre cotoveladas e empurrões.

Só no camarim a minha ficha caiu, com todo mundo querendo saber a mesma coisa:

— Porra, Bill, o que você estava fazendo com a camisa do JEC, cara?

— Bill, você torce para o Joinville?

— Era melhor ter usado a camisa do Figueirense ou do Avaí!

"Que vacilo!", me dei conta. Eu não tinha que ter usado a camisa de ninguém. Nem a do meu Madureira. Eu tinha que estar com a minha camisa, a do rap. No final das contas, me desculpei com todas as pessoas que recebi no camarim, assumi a culpa e a minha ignorância em não perceber a delicadeza da questão.

Na fila de pessoas que aguardavam para dar um abraço, reconheci o macacão manchado de sangue que me chamara a atenção horas antes, no palco.

— Eu passei o show inteiro tentando te avisar, Bill! — o cara me disse, com a cara toda arrebentada. — Mas você não entendia o que eu falava, os seguranças não me deixavam chegar perto também...

Eu me senti mal. Uma culpa monstruosa para carregar nas costas. Desenrolei com o cara, tentei amenizar como podia. Fiquei tão traumatizado que, por muito tempo, recusei convites para shows de torcidas. Recebia aos montes, mas declinava. Tinha receio de ficar marcado, de me envolver em rivalidades. Faz poucos anos que superei essa questão e voltei a me apresentar em festas de torcidas.

Todo mundo entendeu a minha ingenuidade, claro.

Mas teve uma pessoa que vibrou. O maldito que me deu o raio da camisa e depois apareceu no camarim, rindo igual um demônio. Fiquei puto pra caralho com ele, minha vontade era de enforcá-lo.

— Valeu, Bill! Mandou bem pra caramba com a nossa camisa! — ele disse, às gargalhadas. — Nossa torcida tricolor adorou!

Fiquei com muito ódio.

— Da próxima vez, aparece lá em Joinville, valeu? Sucesso aí!

O infeliz apertou minha mão e foi embora rindo.

Uma década e meia depois, numa fila para receber os fãs depois de um show em Joinville, quem encontrei?

Exato. O demônio sorridente, como sempre.

— E aí, Bill! Lembra de mim? — ele me perguntou. Eu fiquei tentando decifrar de onde o conhecia. — Fui eu que te dei a camisa do JEC no seu primeiro show em Floripa tempos atrás... o show de hoje foi massa, mas aquele com a camisa do JEC foi mais foda.

Depois que ele foi embora, eu pensei: "'Foda' para quem? 'Foda' por quê? 'Foda' em qual sentido? Foda...".

Acesse mais informações sobre o capítulo escaneando ao lado ou acessando o link:

https://youtu.be/diAxcdj8qUM

CAPÍTULO 25
CLUBE DO RAP

No Rio, a gente ouvia várias histórias que vinham de São Paulo. Ouvíamos falar de um lugar chamado Santana Samba, que ficava na Zona Norte. Depois passamos a escutar sobre o Clube House, no ABC, que eu até cheguei a frequentar algumas vezes. E havia uma outra festa, chamada Clube do Rap, que rolava às segundas-feiras lá em Diadema, onde, diziam, o bagulho ficava doido. Eu, obviamente, fiquei a fim de conhecer. Na época, eu era estoquista da Ultralar, e trabalhei três semanas direto, sem folga (Lembram aí do trato com a Márcia? Pois é), para conseguir um fim de semana livre emendado na segunda-feira, para poder viajar. Combinei tudo com o Magno.

— Quem toca lá é o KL Jay, tá ligado? — ele me avisou.

Eu já sabia, é claro. Aliás, o fato do DJ dos Racionais produzir e tocar na festa tornava o Clube do Rap um lugar ainda mais especial.

Os meus camaradas na Cidade de Deus ficaram felizes por mim. A minha ida ao Clube do Rap era uma espécie de comunicação entre aquele mundo e o nosso, como se eu fosse um repórter correspondente internacional que trazia notícias do mundo exterior. Naquela época, o Geração Futuro estava em sua última fase, prestes a acabar, e eu iniciava a carreira solo como MV Bill.

Para o caso da sorte me notar, eu andava com um CD que tinha umas bases prontas, feitas por uns produtores lá de Brasília (um pessoal que criava batidas para quem estava iniciando ou já cantava, mas não tinha batida própria). Eu levava esse CD para tudo que era canto. Vai que rolasse uma oportunidade! Eu já tinha uma letra pronta e a batida certa na mão. "Faixa 11 por favor!", eu pedia ao entregar o CD para o DJ do evento. Cantava até o final. Tudo no esquema.

Para o Clube do Rap, é claro, o CD já estava no bolso da calça.

Fazia um frio do caralho naquela noite e eu vestia uma camisa preta do Bone Thugs-N-Harmony. Fomos ao Clube do Rap no Passat do irmão do Magno, o Junior, que era dançarino do Sampa Crew, na época em que a banda ainda se apresentava com B-Boys.

No caminho todo, do Centro a Diadema, o Junior nos obrigou a ouvir o som da banda Whodine. Na época, o rapper Nas havia feito uma regravação da música "Friends", do Whodine com a Lauryn Hill, e o Junior entrou numa de que tínhamos que ouvir a versão original, porque a Old School precisava ser valorizada.

Como Magno e eu éramos mais jovens, tínhamos mais é que aprender com a velha guarda mesmo, a Old School, ou, como prefiro: *Old is Cool*.

Mas na real, eu só queria era chegar na festa.

— Já chegamos? — perguntei, depois de quarenta minutos no Passat.

— Ainda não. — Junior respondeu ao volante.

Cinco minutos mais tarde, eu quis saber.

— Já chegamos?

— Calma, cara! — o Magno me respondeu.

Uma ansiedade fodida.

Lá em Diadema, o Clube do Rap ficava na Praça da Moça. Quando o Junior virou a rua, eu olhei de longe e vi uma nuvem de gente, uma confusão de pessoas se deslocando, como se fosse uma rodoviária.

— Tá vendo ali? — o Magno me perguntou.

Avistei o enorme volume de pessoas formando uma imensa minhoca humana se movimentando em fila.

— Pois é. Aquilo é a fila para entrar no Clube do Rap.

Parecia até briga. Um tumulto danado, a fila dando voltas e voltas. Não havia nenhum evento de rap comparável no Rio, ainda mais numa segunda-feira.

Entramos na festa. Eu, na aba do Magno e do Junior, que já eram artistas da cena. Fomos direto para o andar de cima, uma área mais reservada que fazia as vezes de camarote.

— Magno, me diz aqui uma parada: o DJ que reveza com o KL Jay é seu amigo, não é? — perguntei, já tirando o CD do bolso. Eu achava que tinha mais chances de conseguir uma oportunidade no palco se tentasse com o segundo DJ.

— Parceirão meu.

— Eu tô com a minha base aqui no bolso. Se você conseguir desenrolar com ele, ótimo.

— Firmeza. Vou trocar essa ideia para você.

Então ficou combinado assim: passado o set de melodia e samba rock, o DJ chamaria o cara do Rio.

Os bailes de São Paulo tinham sempre o "Momento Samba Rock". A galera de rosto colado, dançando junto, no meio da pista. Depois vinha a parte de melodia, também conhecida como a "Hora do Xaveco", quando tocavam as músicas mais lentas e os caras como o Junior, que dançavam e tinham a autoestima lá no teto, se davam bem com as minas. Era legal porque dava um certo ecletismo à festa. Um mesmo baile que tocava N.W.A. e Thaíde, tocava também Bebeto e Marcos Valle.

Eu estava observando a performance cheia de talento e autoconfiança do Junior no meio da pista, quando ouvi o DJ:

— Fala, rapaziada! Queria chamar ao palco o MB Vill! — ele trocou as bolas no meu nome. Normal. E complementou: — O cara lá do Rio!

Respirei fundo e subi. Era a primeira vez que eu me apresentava em São Paulo. Era a primeira vez que eu me apresentava sozinho. Sem o Adão, sem um DJ. Tive medo de vacilar. Eu sabia que todo mundo que não estava reparando em mim naquele evento, passaria a me notar em alguns segundos. Concentrei-me e, quando peguei o microfone, fiz a melhor apresentação que podia. Cantei "Atitude Errada", música que tempos depois eu gravei com base própria, na primeira versão de *Traficando Informação*. A música me permitiu uma ótima conexão com a plateia. Deixei o palco superaplaudido e feliz por ter vencido mais um dos muitos desafios que eu ainda teria pela frente.

Quatro anos depois, já com certa projeção, músicas tocando na rádio, clipes exibidos na TV e prestes a lançar o *Traficando Informação*, o KL Jay, que agora era um colega para quem eu já havia aberto inúmeros shows, me fez um convite:

— Cara, eu faço uma festa lá em Diadema, o Clube do Rap...

— Eu sei — falei, interrompendo-o. — Já fui lá.

— Sério? — ele ficou surpreso. — Mas eu queria te convidar para cantar lá.

— Eu já cantei.

— Você já cantou na minha festa? — ele me questionou perplexo.

— Cantei, pô.

— Mas como? — ele estranhou. — Eu nunca te vi lá...

— Justamente. O plano era você não me ver mesmo — mandei, na sinceridade. — Você deve receber tantos pedidos de pessoas querendo subir ao palco; achei que seria mais fácil chegar lá fazendo um caminho que não passasse por você, só para não incomodar mesmo.

Demos muita risada.

— Mas, sério, vamos fazer o lançamento do seu disco lá no Clube do Rap! — ele propôs. — Vai ser responsa!

Eu topei. E dessa vez levei o meu bonde: o DJ Rato, um percussionista, o DJ Alessandro como voz de apoio, e o Celso, como produtor do show.

Na minha segunda vez no Clube do Rap, eu era a atração anunciada da noite. Não entrei na aba de ninguém e, se é que era possível, o Clube do Rap estava ainda mais cheio. Muita gente ficou do lado de fora porque a casa lotou. Novamente, o show fluiu. Mas um detalhe naquela noite tornou tudo ainda mais especial: o maluco que eu conheci no camarim.

— Maneira essa sua câmera! — o negão com cabelo eriçado se aproximou e puxou papo.

— É. Eu levo para todo show — comentei, conferindo as fotos que eu tinha acabado de tirar. — Peguei essa mania com um parceiro meu lá do Rio, sabe? O Adão. Ele diz que a gente tem que registrar as paradas...

— O Rio é maneiro, né?

— Pra caralho.

— Eu sei. Já morei lá.

— Onde?

— Na Rocinha. Foi um tempo curto, quando eu era garoto.

— Você também toca?

— Eu canto. A rapaziada lá do RZO tá me dando uma força para eu lançar o meu disco.

— Maneiro.

De repente, Celso entrou no camarim todo esbaforido.

— Porra, Bill, tá to-to-todo mundo te procurando... Vamos lá para baixo!

— Já vou — respondi ao Celso e me voltei para o cara. — Vou descer irmão. Boa sorte aí! Como é seu nome mesmo?

— Sabotage.

Lá embaixo, curtindo a festa com os meus camaradas, ouvi quando o DJ chamou ao palco o negão com cabelo de anteninha. Assistindo ao Sabotage cantar, de alguma forma me vi nele, como se ele fosse eu quatro anos antes. O show não anunciado na programação. Aquele dia também estava sendo especial para ele, tive certeza.

Na saída do Clube do Rap, o ritual de fim de show, o rateio do dinheiro atrás da van. Celso odiava. "Vamos fazer igual empresa, Bill, levamos para casa e dividimos depois", ele dizia. Mas entrava por um ouvido e saía pelo outro. Eu tinha pressa em ter o dinheiro na mão, especialmente quando estava em São Paulo. Só pensava em sair dali e passar nas galerias de rap para torrar tudo. Camisas, bonés, outras batidas... Eu chegava liso no Rio. Liso, mas feliz.

Voltei a esbarrar com o Sabotage tempos depois, lá em Pirituba, Zona Oeste de São Paulo. Eu estava colaborando na produção do disco do Escadinha e o Celso convidou o RZO para participar. Marcamos uma reunião. Homem para caralho no barraco, a única mina era a Negra Li.

Lá num canto, avistei o Sabotage.

— Ei, cara! Lembra de mim? — puxei-o pela memória. — Lá do Clube do Rap, de Diadema?

Ele abriu o maior sorrisão. Trocamos um aperto de mão superverdadeiro. O Sabotage era um cara muito diferenciado, humildade pura. Numa época em que o rap era mais sisudo — especialmente o de São Paulo —, o Sabotage era um cara mais descontraído, tinha uma proposta artística mais leve, com músicas contundentes, e até algumas mais dançantes. Ele adorava rimar de improviso. Havia sido descoberto como rapper enquanto ainda atuava no tráfico, numa "biqueira", como eles chamam as bocas de fumo em São Paulo. O Sabotage vendia drogas rimando. Foi o Rappin' Hood quem o apresentou aos caras do RZO. Não demorou muito e ele explodiu. Gravou disco, fez filme, inspirou muita gente. Ainda nos encontramos muitas outras vezes. No *Hutuz*, no *Festival Rap na Veia*, no *Reggae Night*, no show de lançamento da Giza...

No dia em que o Sabotage morreu, nós tínhamos um show programado em São Paulo. Uma festa com Facção Central e outras bandas de rap. Com a notícia da morte do Sabotage, ao longo do dia, a minha produção deu o show por cancelado. Cumprimos uma outra agenda, com o Afroreggae, no centro do Rio, até que chegou o recado: o show estava mantido. Apesar da morte do Sabotage, a festa ia rolar lá em São Paulo. Eu não tinha escolha. O público estava esperando. Eu precisava ir. Só que já era nove da noite e eu estava no Rio. Era humanamente impossível fazer um show em São Paulo naquela madrugada.

— Eu te levo. — meu parceiro Jamanta, cria do Juramento, me salvou.

Da forma mais inconsequente possível, Jamanta fez o trajeto Rio-São Paulo em três horas e meia. Às quatro da manhã eu estava entrando no palco do Clube da Cidade, lá na Barra Funda. A festa lotada, num dos shows mais estranhos que já fiz na vida, porque a galera vibrava num momento em que a minha vontade era me recolher. Profissionalmente, fiz o show. Pelas questões contratuais envolvidas, não pude recuar. Mas através de um discurso prestei minha homenagem ao Sabotage, um cara fundamental no cenário do rap brasileiro, que imprimiu na sua arte toda a batalha da população negra e pobre de periferia.

O som do maestro do Canão ainda inspira muitos.

Sabotage vive.

Acesse mais informações sobre o capítulo escaneando ao lado ou acessando o link:

https://youtu.be/P5FRpDfArLk

CAPÍTULO 26
SÓ DEUS PODE ME JULGAR

Entre 2001 e 2002, o Brasil passava por uma enorme onda de desemprego. Muitos casos de abuso de poder, racismo velado... Nunca antes havia ficado tão evidente para mim a relação existente entre maus governos e a vida difícil que a gente levava na favela. Senti vontade de retratar isso em minha música.

Naqueles anos duros eu fazia um programa na rádio, e tinha muita necessidade de falar dessa indignação coletiva. Uma voz que contemplasse todas as vozes, que falasse da favela e de política também. Mas ainda faltavam os elementos certos.

Liguei para o meu amigo DJ Luciano e contei a ideia.

— Eu tenho a parada certa para você, Bill! — ele afirmou, cheio de certeza.

— E o que é? — eu quis saber.

— Cara, eu estava ouvindo a trilha sonora do filme *O Último Imperador* e tem uns violinos foda! Um tom assim meio de guerra, sabe como? Eu sampleei e vou te mandar. Vê aí.

Quando eu ouvi não tive dúvida. O Luciano tinha toda a razão, era exatamente o tipo de batida que eu precisava. Pedi que ele fizesse uma versão maior, com uns oito minutos, para eu ficar ouvindo e poder escrever com calma. Naquela época, a gente fazia tudo por telefone, as contas eram astronômicas. Já as músicas iam e vinham por CDs, via Sedex.

Acabei escrevendo os oito minutos inteiros; foram seis meses para compor "Só Deus pode me julgar". Eu mesmo botei o título, eu mesmo fiz tudo. Falei de várias situações, num papo que não poderia ser mais reto. Nomeei geral: Sergio Naya, Beira-Mar, Van Damme, Madonna, Paquitas, Gugu... Nos dias atuais seria inconcebível; eu certamente (no mínimo) seria processado.

Hoje para fazer uma música como "Só Deus pode me julgar", o artista tem que falar sem citar, como fiz, por exemplo, com a música "Ficha Suja", em 2016. A letra foi feita durante o governo petista. Mas muita gente me perguntou se eu tinha feito para o governo Temer. E já fui questionado também se compus em razão do Presidente Bolsonaro, porque se trata de uma música atemporal. "Só Deus pode me julgar" não tem essa proposta. Justamente por isso é uma música única, com propósito e sem amarras.

A essas alturas, já estávamos negociando com a Natasha Records, que tinha distribuição da BMG. Quando terminei a letra, fui a São Paulo gravar no estúdio do Dudu Marote, porque, no Rio, não havia estúdios com a qualidade que eu precisava. O Luciano surgiu com outra ideia:

— Bill, e se a gente retocasse esses violinos sampleados, trazendo uma miniorquestra para dentro do estúdio?

Fiquei meio assim. Era uma ideia ousada do caralho; só daria certo se a gravadora abraçasse. Celso era o meu produtor naqueles tempos e fez todo o meio de campo com a Natasha Records. Em pouco tempo, conseguimos a autorização com o maestro Ryuichi Sakamoto, autor da trilha original do filme, e de repente lá estava a miniorquestra dentro do estúdio. Eu no meio de violoncelos, violinos, baixo acústico, harpas e violas. Ficou bonito num grau que não consigo descrever.

Quando o Celso ouviu a música, fez o ritual de sempre: dedo para o alto, olho fechado e uma sequência interminável de "caralhos" e "puta-que-parius".

— Caralho! Puta que pariu! Ca-ra-lho! Pu-ta-que-pa-riu! Caralho! — ele apreciou, com profunda admiração.

Nas minhas primeiras apresentações, a orquestra me acompanhou. Recebi muitos elogios pela combinação inusitada.

Num determinado momento, bateu a necessidade do clipe. Novamente, sentamos com a equipe da Natasha Records para desenvolver a ideia. A primeira que surgiu foi uma das coisas mais engraçadas que já ouvi. Como seria muito deselegante rir, me segurei. Qual era a ideia? Lá vai...

Uma família brasileira à mesa, esperando a comida sair. A senhora mãe, na cozinha, fritando um bife no formato do Brasil. E, na sequência, eu cantando enquanto o bife no formato do Brasil era devorado pela família.

Eu quis rolar de rir! Já Celso parecia um tamanduá, com um bico de dois metros. A própria gravadora sacou que não era um bom caminho e me apresentou dois caras incríveis, o Mauro Lima, diretor de cinema, e o Domênico, um músico supertalentoso. Os caras vieram com a ideia de me levar a Brasília, porque a minha música tinha uma pegada ampla, nacional. A proposta era fazer de "Só Deus pode me julgar" uma crítica social, gravando em pontos estratégicos da capital do país.

Em paralelo, rolariam umas tomadas com uma mãe dando à luz uma criança, para simbolizar um novo brasileiro chegando ao mundo, o nascimento de um cidadão. Uma ideia difícil de implementar. Afinal, quem iria emprestar o seu parto para isso?

Com aquele céu bonito, em um tom de laranja que só o entardecer de Brasília tem, fizemos as gravações em pontos emblemáticos. Congresso Nacional, Palácio da Alvorada, Praça dos Três Poderes... rodamos tudo. Para a última cena, liguei pros meus camaradas de Brasília e geral me fortaleceu. DJ Rafa, a rapaziada do DF Movimento, Marcão do Baseado nas ruas, Japão do Viela 17... apareceu todo mundo lá para me dar essa moral. Foi foda!

Já a cena do parto, a equipe gravou no Rio mesmo. Eu não estive presente, o que no fim das contas foi positivo — uma cabeça a menos para fugir da polícia quando o hospital ligou para a Delegacia dando parte da nossa filmagem. Embora tivéssemos a autorização da mãe por escrito, o hospital encrencou. Chamaram a polícia, e a equipe teve que se virar. Uma parte fugiu, a outra ficou para desenrolar. Obviamente, a galera que fugiu já levou os equipamentos e a gravação. Não tem ninguém de bobeira nessa porra, né?

Quando o clipe estreou na MTV, recebi muitos elogios pelo clima de tensão que serviu de base à crítica social que a música propõe.

Houve uma juíza, no entanto, que entrou com uma ação pedindo que o meu clipe tivesse horário restrito para exibição na MTV. A alegação era que o vídeo tinha cenas impróprias. Muito louco pensar que um parto normal, o desfecho natural de toda gestação, a forma como toda criatura humana vem à vida, seja considerado impróprio.

Tranquilo.

Mesmo proibido, "Só Deus pode me julgar" virou um hino. É uma das minhas maiores marcas, uma música que me traz muito orgulho como artista.

Acesse mais informações sobre o capítulo escaneando ao lado ou acessando o link:

https://youtu.be/32Cs1rH-UBA

CAPÍTULO 27
"ESTILO VAGABUNDO"

Numa época em que a minha mãe não me deixava sair de casa, e eu passava horas na janela assistindo à vida passar, presenciei muita briga de casal. Ouvi xingamentos que não conhecia, presenciei alguns tapas, assisti a bate-bocas que roteirista de novela nenhum teria sido capaz de escrever. Tempos depois, quando gravávamos o documentário *Falcão – meninos do tráfico*, era comum interrompermos as filmagens porque a mina do cara havia chegado para uma DR. Em todas essas ocasiões, uma coisa ficava muito evidente para mim: as brigas eram todas iguais.

Quando então entrei no estúdio para gravar as músicas da trilha sonora do documentário, me ocorreu a ideia de fazer uma música sobre o relacionamento entre homem e mulher. Uma temática totalmente fora do meu repertório, um desafio, por assim dizer. Decidi, ainda, que, na música, ao contrário das discussões que eu presenciava, onde o homem sempre tinha a voz mais ativa, eu ampliaria a posição das minas.

E decidi também que Kmila CDD seria a voz da mulherada.

Alertaram-me que talvez não pegasse bem fazer uma música sob o olhar feminino, que eu podia estar me colocando em questionamentos desnecessários e blá-blá-blá. Porra, se o Chico Buarque tinha escrito músicas no feminino, por que raios isso para mim seria um demérito? Fala sério!

Saí a campo com a minha pesquisa: "O que você diz quando tem uma discussão com o seu ou a sua parceira?". Fiz essa pergunta a dezenas de pessoas que pudessem me render uma boa resposta. Ouvi coisas surreais que só fortaleceram a minha convicção de que o tema era uma boa aposta. Resultado: a música virou uma discussão do caralho.

Eu gravava lá no Polo Rio Cine Vídeo, na Barra, e o Peninha, que era técnico de som, me questionou:

— Porra, Bill, você acha que uma música de briga vai fazer sucesso?

Essa era uma questão que podia mesmo estar na cabeça das pessoas. Mas não na minha.

— Cara, nenhuma das minhas músicas eu fiz pensando em sucesso. Eu faço música para as pessoas refletirem, raciocinarem, dançarem... sei lá.

O fato é que essa conversa com o Peninha me fez cair uma outra ficha. Eu realmente não podia começar a música largando uma discussão assim, do nada. Era preciso uma introdução, um prefácio, alguma coisa para dar o clima e situar a proposta a quem ouvisse. Precisava ser uma voz feminina, é claro.

Kmila CDD estava fora de cogitação. Embora tivesse captado perfeitamente o espírito da coisa e ajudado na composição de alguns versos, afinal, interpretar sempre foi um dos seus maiores talentos, Kmila já *gravaria* a música. Para a introdução, precisávamos de uma voz neutra. Uma terceira voz, além da minha e da de Kmila. Preferencialmente uma voz desconhecida. Uma mina chapa-quente, para dar um papo cabuloso na introdução. Quem poderia ser? Pensei, pensei... até que um nome me surgiu à cabeça. Tatizona! Claro! Tatizona era uma mina grande pra caramba, meio quadradona, meio dentuça, com um andar pesadão, que botava uma pressão fodida. Era ela, não tive dúvida!

Conversei sobre a ideia, Tatizona topou na hora respondendo um "sim" com a boca cheia de fumaça do seu baseado. Fomos fazer um teste lá no CIEP, que tinha uma boa acústica para gravações. Eu tinha um gravador que captava com boa precisão. Antes de apertar o play, expliquei qual era o improviso:

— Tatizona, pensa que o seu namorado fez alguma merda e você está indo tomar satisfação com ele, valeu?

— Já é, já é, já é.

Apertei o play. Tatizona enxugou as gotículas de suor em cima do lábio e mandou:

— Aí, rapá, qual é da parada? Aí, rapá, vê legal, hein! Aí, rapá, qual foi do bagulho?! Aí, rapá, fica na moral, tá ligado?!

Parei.

— Então, Tatizona, pode desenrolar mais, pode criar uma história, pode falar o que você falaria mesmo. Entendeu?

— Valeu então!

Fomos para a segunda tentativa.

— Aí, rapá, o bagulho é doido! Aí, rapá, tu tá ligado! Aí, rapá, vê legal, hein! Aí, rapá!

Gravei uns três takes. Tatizona tinha o jeito. Mas não tinha o pique.

Dei uma grana pelo tempo dela e voltei à estaca zero. O problema persistia, eu continuava sem uma voz feminina para fazer a introdução da música. Precisava de uma nova ideia depressa, um outro nome, alguém que incorporasse a proposta. Levei uns dias até ter uma nova luz. Bianca! Óbvio! Uma baixinha arretada, amiga de infância lá da CDD.

Com Bianca fiz o mesmo processo. Conversei sobre a proposta, e quando ela topou, fomos ao CIEP para a gravação-teste. Foi apertar o play para ela destrambelhar a falar. Bianca largou o verbo.

À medida que falava, vinha andando na minha direção. Os olhos faiscando de fúria. Como uma doida mesmo! Terminei a gravação porque temi levar um tapa de bobeira ou coisa assim.

— Valeu. Bianca! Tá bom, tá bom! — falei, espremido na parede.

Bianca demorou um tempo para sair da personagem. Quando olhei pra fora da sala, uma pequena plateia se amontoava no corredor achando que era briga de verdade. Decepção geral quando o pessoal sacou que era só uma gravação.

— Ah, porra, era tudo encenação! — uma das serventes reclamou.

— Sacanagem! Eu estava ali esperando a porrada que ela ia dar nos cornos dele... — reclamou uma outra, dando as costas.

A boa notícia é que gravei tudo de primeira. Num take só. Bianca era maravilhosamente desbocada, o tom certo para a música, o encaixe perfeito para a minha voz e a da Kmila.

Mas nem tudo estava resolvido. Eu ainda tinha um grande desafio: o título da música. Se eu sempre fui meio fraco para dar nome às minhas músicas, imagine uma que não tinha nada a ver comigo, que fugia totalmente do meu repertório! Nem esquentei a cabeça. Fui direto em quem resolveria a questão.

— Fala, Celso! Beleza? — cumprimentei-o, ao entrar no escritório da Para-Raio.

Atrás de sua mesa repleta de bugigangas, Celso, com as mãos apoiadas em cima do barrigão, acenou com a cabeça.

Prossegui:

— Celso, tô com uma música aí, mas ainda não tenho nome...

— Bota aê.

Ele colocou os pés sobre a mesa, cruzou as pernas e jogou a cabeça para trás, apoiando-a nas mãos. Ouviu a música na maior concentração. Depois pediu para repetir e mandou de pronto, com segurança:

— "Estilo Vagabundo"! Isso aí é: Estilo Va-va-va-gabundo — ele confirmou, rindo. — É ou não é E-e-e-estilo Vagabundo?

Claro que era. Celso sempre teve um talento incrível para nomear músicas. Fui à pessoa certa.

Quando "Estilo Vagabundo" foi lançada, a mulherada adorou! Isso se refletiu nos shows. Era eu cantar para as minas chegarem pra frente e se soltarem. Uma espécie de liberação feminina, como se os xingamentos de Bianca e a fúria de Kmila CDD dessem voz às mulheres. "Estilo Vagabundo" foi uma música inclusiva e empoderadora. Hoje existem muitas mulheres pretas que são referência, ainda bem, mas na época não tinha muita mina preta com visibilidade para ser admirada. A gente chegava no Sul e via as minas de outro perfil físico vibrando muito, curtindo a Kmila CDD pelo que ela cantava em "Estilo Vagabundo", uma letra que eu tinha idealizado. Aquilo batia em mim também, é claro. Muitos homens me falavam: — Porra, quando a minha mina coloca essa música lá em casa é foda. Eu já sei que ela está querendo me dar algum papo.

A música era provocativa e, dependendo de quem a ouvisse, até desagradável. Teve uma repercussão tão foda que eu fiz a parte 2, a parte 3 e parte 4. Quando mostrei a parte 3 à Fernanda Young, ela pirou na letra. No *Caldeirão do Huck*, cantamos com a participação de Bianca, num telão, ao vivo. Do caralho!

Por outro lado, "Estilo Vagabundo" não era uma música radiofônica e não tinha refrão. "Vou fazer um videoclipe", pensei. Na época, eu tinha um amigo chamado Bruno, que trabalhava com audiovisual. Ele me deu a real:

— Vai ser foda. É uma música que não dá para clipar muito..., mas a gente podia, sei lá, filmar você e Kmila cantando em alguns lugares diferentes. O que acha?

Podia ser. Lembrei de um camarada que estava trabalhando para um energético, o Zenildo, e estava fazendo vários eventos com uma Hummer, que tinha uma espécie de palco atrás. Combinei com o Zenildo o dinheiro da gasolina, do lanche da galera e caí em campo para as filmagens. Acari, Madureira e Cidade de Deus era o nosso roteiro. Bem assim, nessa ordem.

O povo ainda estava comprando pão na padaria quando chegamos com a Hummer lá em Acari. Era tão cedo, que a multidão que nos assistia na rua ainda limpava a remela do olho. Eu e Kmila CDD cantando no chão, o DJ em cima da Hummer, e a galera com uma interrogação: "Esses malucos estão aqui mesmo ou ainda estou dormindo?". Quando o pessoal começou a se ligar, a Hummer já estava pegando a Avenida Brasil. Em Madureira, foi o fervo. O povo tirando foto, querendo pegar na gente. Um alvoroço da porra! À Cidade de Deus chegamos juntos com o anoitecer. Era a terceira apresentação do dia e qualquer cansaço que pudéssemos sentir foi minimizado pela empolgação da galera que compareceu cantando junto. Muito foda! Dá para ver na filmagem.

Embora tenhamos lançado o clipe no momento obscuro da MTV, a "fase da predileção", quando a MTV só exibia os artistas que eles queriam abençoar, o público se identificou muito com a música. A MTV não deu nem de longe o espaço que *Estilo Vagabundo* merecia, mas nas minhas redes todo mundo clicou, compartilhou e interagiu, o que fez da música um dos meus maiores sucessos, até mesmo do ponto de vista financeiro. São milhões de visualizações até hoje. Não foi um hit momentâneo. Recebi de outros artistas vários pedidos de regravação. Preferi não topar nenhum. Até hoje trato "Estilo Vagabundo" como uma música de lançamento. Uma música que não tem refrão, que não é radiofônica, que destoa do meu repertório, mas que virou um clássico.

Três anos depois, eu disse para o Peninha, numa passagem de som lá em Recife:

— O sucesso às vezes vem no improvável.

Acesse mais informações sobre o capítulo escaneando ao lado ou acessando o link:
https://youtu.be/sfktvgZjoQs

AGRADECIMENTOS

Gostaria de agradecer a minha irmã KMILA CDD, DJ Luciano Rocha, Gran Master Raphael, Racionais MCs, Celso Athayde, Nino Brown, Thaíde & Dj Hum, Vivian Reis, CUFA, Instituto Arteiros, West Flow, Thug Nine, Rider, Music Box Brazil, Podpah, Furacão 2000, ONErpm, ADL, Gabriel, o Pensador, Sandra Sá, Afroreggae, Jorge Washington, Alaide do Feijão (RIP), Márcio Borges (RIP), Nega Gizza, Preto Zezé, Marilza Athayde, Don Michel, Willian Santiago, Serafim, Zâmbia Records, Cidade Negra, CEAP, APC16, Consciência Humana, Japão Viela 17, Rafuagi, Fab 5 Freddy, Natanael Valencio (RIP), Marden Jam, Sandra Almada, A Arte Salva, Instituto Os Arteiros, Dr Dre, Snoop Dogg, Chuck D, Paulinho Titio (RIP), Quack, Tio Lila (RIP), Katita Brisa, Margareth Menezes, Negro Raus, Maria Beltrão, P MC, Gog, Beto Catarrinho, Magal, André Kilary, Montanha, Dona Nazaré (RIP), Seu Lima (RIP), Gilmar Artigo 288, As Damas do Rap, Dona Cristina, todas as Casas do Hip Hop espalhadas pelo país.

Muito obrigado!

A vida me ensinou a caminhar
Saber cair depois se levantar
O tempo não me espera
Não há espaço pra chorar
Andei no escuro e agora vou brilhar
Sobreviver é necessário
Também quero ser feliz
Permaneço no combate
Meu resgate é a minha fé
Minha luta causa medo e alegria lá laiá
Tô na fita vem o que vier
Não vou amarelar, seja o que Deus quiser
Na fé

Trecho da música MARGINAL MENESTREL
Álbum DECLARAÇÃO DE GUERRA (2002)
MV BILL